"十三五"国家重点出版物出版规划项目

图解服务的细节
045

奇跡の職場

清扫奇迹

日本新干线7分钟

[日] 矢部辉夫 著

余湘萍 译

人民东方出版传媒
People's Oriental Publishing & Media
东方出版社
The Oriental Press

图书在版编目（CIP）数据

日本新干线7分钟清扫奇迹 /（日）矢部辉夫 著；余湘萍 译. — 北京：东方出版
社，2016.7
（服务的细节；045）
ISBN 978-7-5060-9149-7

Ⅰ.①日…　Ⅱ.①矢…②余…　Ⅲ.①新干线—旅客运输—服务业—研究—日本
Ⅳ.①F533.136

中国版本图书馆CIP数据核字（2016）第185147号

Kiseki No Shokuba Shinkansen Seisou Team No Hatarakuhokori
by Teruo Yabe
Copyright© Teruo Yabe 2013
Simplified Chinese translation copyright ©2016 Oriental Press,
All rights reserved.
Original Japanese language edition published by ASA PUBLISHING CO., LTD.
Simplified Chinese translation rights arranged with ASA PUBLISHING CO., LTD.
Through Beijing Hanhe Cultre Communication Co., Ltd.

本书中文简体字版权由北京汉和文化传播有限公司代理
中文简体字版专有权属东方出版社
著作权合同登记号 图字：01-2016-3224

服务的细节045：日本新干线7分钟清扫奇迹
（FUWU DE XIJIE 045:RIBEN XINGANXIAN 7 FENZHONG QINGSAO QIJI）

作　　者：[日] 矢部辉夫
译　　者：余湘萍
责任编辑：崔雁行　高琛倩　王思怡
出　　版：东方出版社
发　　行：人民东方出版传媒有限公司
地　　址：北京市东城区朝阳门内大街166号
邮　　编：100010
印　　刷：北京明恒达印务有限公司
版　　次：2016年9月第1版
印　　次：2022年12月第4次印刷
开　　本：880毫米×1230毫米　1/32
印　　张：6.375
字　　数：133千字
书　　号：ISBN 978-7-5060-9149-7
定　　价：39.80元
发行电话：（010）85924663　85924644　85924641

职业自豪感

将自豪感放在心中

积极主动地完成本职工作

正因为沐浴在这样一群人的光环之下

才造就了如今的我

序章

"款待"和"服务"的公司

我们 TESSEI 公司，即株式会社 JR 东日本 Techno heart TESSEI 公司是负责东北新干线、上越新干线清扫工作的"清洁公司"。不过，在一般人看来，或许我们是一家"有点不一样的公司"。虽然是清洁公司，但是我们的业务范畴不仅仅只是清扫。

例如，如果有乘客从东京站的月台下来以后不清楚该往哪走，我们就会上前询问"您要去哪里"，然后告诉其路线；我们也会给不清楚新干线搭乘地点的老年人指路；会搀扶腿脚不便，或者行动困难的乘客到其要搭乘的车厢。

我们将以"清扫"为中心的所有工作定位为对顾客的"款待"或是"服务"。

有很多人不理解"为什么负责清扫的公司要做到这个地步"，答案非常简单。这是因为，对于乘坐新干线的乘客来说，离开家门、到达车站、乘坐新干线到达目的地……这所有的过程都是旅途的回忆。

我们希望通过清扫及服务，尽量多地提供给乘客美好的回忆。正是因为每名员工都抱有这样的想法，才扩大了我们的服务范畴。

根据新干线运行时刻表，留给车内清扫工作的时间只有7分钟。因此作业非常紧张，连喘息的时间都没有。如果清扫时间延迟的话，就会打乱新干线的运行，其紧张感是无法形容的。

即便如此员工们还是充满干劲。不仅如此，他们还注意到了很多"这个使用起来不方便吧""将这个地方这样改一下，乘客会更舒适吧"之类的细节，并提出意见、建议。

我们TESSEI公司的特点正是，所有员工都以"让新干线按时运行"和"一切为了乘客"这样纯粹的想法为出发点，且具有极高的"现场处理能力"。我们公司的运营模式也得到了外界的好评，因提供给顾客"令人感动的服务"而出名的Oriental Land公司、东京大学的学生团体等都来我公司参观学习。除此之外，哈佛商学院甚至还将我们的事迹搬上了教科书。

由"普通人"打造出来的强大现场

读到这里或许大家会认为，"TESSEI公司汇集了不少优秀的人才"吧。其实，TESSEI公司的员工都是非常普通的人。我们公司并没有积极主动地来应聘的人，因为总的来说，清扫工作是谁都不愿意从事的工作。

为了让员工面对这样的工作也能拿出干劲来，我考虑的是让在一线工作的员工对其工作产生"自豪感"和"价值感"。因为我认为，如果员工拥有了能够挺起腰板说"我从事的是这样的工作"这样的自信和骄傲，认识到了工作的价值和意义，则毫无疑问该组织会成为一个强有力的团队。

那么，为了达到这一目标，经营者应该如何去做呢？对于这个问题，我的回答是："认可"你的员工。同时，要营造出经营者和员工、员工和员工之间能够互相认可的环境、氛围以及措施。我坚信如此，所以一直以来我都非常重视这一点。

在本书中我将介绍，对在平凡的工作岗位上勤恳努力的员工进行表扬，并让全体员工都能看到的褒奖体系。该体系能够实现"员工因被褒奖而进一步成长"的良性循环。

包括这些在内，我认为"善待员工"才是经营者该做的工作。为什么这么说呢？因为人类希望将自身被善待的快乐和舒适传递给其他人。也就是说，如果员工感觉到自己在日常工作中的努力得到了正确的评价和足够的重视，就会自然而然地产生"想要款待顾客"的情绪。

在 TESSEI 工作的员工，大多有着各种各样的人生经历，而最终选择来到了这里。有不少员工在过去的职场上拼命地努力工作，却没有得到过一次褒奖。若是这样，尊重、褒奖他们就更具有意义和价值。这就是我们 TESSEI 的根本理念。

长年在铁路工作的我，在刚进入 TESSEI 公司的时候，该公司贯彻的是由总公司主导的现场"管理"体制。在这种体制下，现场的工作动力当然会下降。正是感受到了这一点，我才考虑要转变观念，将总公司的主导作用限定在人事制度、投资等范畴内，其他方面由现场来主导。对于企业来说最重要的是不断改进，可以说，通过不断地改善来获取成果才是企业的生存之道。

在拥有自豪感的瞬间就拉开了人生新的帷幕

孩提时候的我是看着父母辛苦劳作长大的，尤其让我印象深刻的是，与父亲一起拼命从事体力劳动的母亲的样子。母亲毫无怨言地坚持做着对于女性来说非常艰难的工作，我深深地感受到了母亲的养育之恩。母亲 69 岁去世，之后我来到这家公司，看到与我母亲同龄的员工在 TESSEI 从事着同样的工作，这对我的触动很深。

有的员工是由于丈夫去世等原因而在垃圾堆中拼命地干活。当我看到她们工作的身影，就会觉得"自己已无法孝顺母亲了，虽说谈不上尽孝，但是想帮助这些员工们"。这就是我的出发点。

工作不分贵贱。但是，还是存在着难以得到好评的工作，而且从事这些工作的人们也往往一直无法得到正确的评价。然而，最重要的是对自己所从事的工作拥有自豪感，能够通过工作感受到自信和价值。因为在拥有自豪感的瞬间，就拉开了人生新的帷幕。

自豪感是伴随着"自信"而生的，反之如果没有自信，工作就会半途而废。因此，自信、自豪感非常重要。而且自豪感、价值感能将消极工作转变成积极工作。

很多TESSEI的员工刚开始的时候对这份工作不抱丝毫希望，但是在TESSEI，他们却发生了戏剧性的变化。不是我改变了他们，这个变化始于他们或者她们将自己对工作原有的想法坦率地表达出来，并且将其付诸实践。

TESSEI被称作"奇迹的职场"，这完全归功于在一线工作的员工们的力量。我认为这当中隐藏着所有职业相同的本质。

希望本书能够给您带来些许感触。

矢部辉夫

目　录

第3章　公司是现场的坚强后盾

第4章 一切都由领导者定夺

第5章　公司是二流的，但唯有执行力要做到一流

第6章　自豪感、价值感让工作的人们熠熠生辉

第 1 章

为什么"3K"工作
变成了奇迹的职场？

欢迎来到新干线剧场

近年来，我们 TESSEI 公司的举措被各大媒体争相报道。如果你在搜索引擎上输入"新干线 清扫"进行检索的话，就会出现很多关于我们的评论。

在此列举其中的一部分：

"新干线的清洁工们动作神速，感动得要哭了。"

"新干线清扫队清扫完了以后列队行礼，像足球队、高中棒球队一样，真好啊！"

"我正在现场观看世界上最迅速的新干线清扫，干得太漂亮了，都看入迷了。想在我们家的清扫中也采用这种方法！"

"做新干线清扫的团队名字是叫 TESSEI 吗？"

"每次坐新干线去东京，都会被清扫的姐姐们那专业范儿给迷住。"

"新干线月台上背着吸尘器进行清扫的阿姨，像捉鬼敢死队一样帅帅的。"

"在 NHK（日本放送协会，简称 NHK）上看过新干线车厢内清扫人员的特辑，但是到现场看还是觉得好厉害。"

"新干线车厢内清扫人员工作的身姿，真的是看了就会迷上。"

等等，诸如此类。

此外，2011 年 3 月的《日经商业》刊登了题为"闪耀的职场要这样来创造 最强团队"的专题报道。早稻田大学商学院教授远藤功先生将我们的事迹撰写成书，还被制作成了音乐剧，引起了很大的社会反响。不久前，作家伊坂幸太郎先生以 TESSEI 的新干线清扫为原型发表了小说《彗星们》（收录于《yell！3》，实业之日本社出版），也受到了好评。

电视上也大量地介绍了 TESSEI 的相关措施。最初，TESSEI 登上了由著名记者 Paula Hancocks 负责采访的美国 CNN（有线电视新闻网 Cable News Network，简称 CNN）的《The GATEWAY·东京特辑》节目，之后，TESSEI 公司陆续登上了朝日电视台的《报道 station SUNDAY》、朝日电视台·CS（数字卫星频道）的《修造学园》、NHK 综合频道的《News Watch9》《工薪阶层的午餐》、BS（日本广播卫星）11 的《Weekly News ONZE》等各大节目。2013 年 8 月 19 日，在关西电视台综艺类节目《多嘴了对不起！畅所欲言☆美女》的"40 岁左右开始的 Hello-Work（日本职业介绍所）如果你工作的话……"这期节目中，综艺明星山口萌女士体验了新干线的清扫工作，还发表了"透过大大的玻璃窗被车外的人观赏，感觉像在剧场一样"的感想。

正是山口萌女士的这段话使得 TESSEI 的清扫现场被称

为"新干线剧场"。员工的所有行为都会被窗外的乘客看到，因而不能偷懒，而且相当紧张。一举一动都会透过窗户被观看的员工们，就像是在剧场的舞台上扮演角色的演员一样，这是非常恰当的比喻。并且，现在这个词已经成为 TESSEI 重要的关键词。

虽说如此，TESSEI 公司仍然是家普通的清洁公司。清扫工作与华丽完全不沾边，反而应该说是更接近于"朴实且苛刻"吧。然而却吸引了这么多媒体来采访，各种类型的企业来参观学习。

究竟为什么会这样呢？

实际上，如果我们就这一点深入探究的话，会发现 TESSEI 公司具备同行的其他公司，不，甚至是整个服务业所没有的个性，这也是 TESSEI 被远藤功教授称作"世界第一"的强大职场的理由所在。

用7分钟将新干线打扫干净，并令其准时运行的团队

TESSEI 在新干线清扫工作的最大特征就是"清扫的速度"。就像在前文提到的 CNN 节目中所讲述的"7 minutes miracle（7分钟奇迹）"那样，只要7分钟就能将新干线打扫干净。

从新干线到站到返程发车仅有短短的12分钟时间，从中去掉2分钟的下客时间，再去掉3分钟的下趟旅客乘车时间，能用来清扫的时间仅剩下7分钟。

虽说是清扫，其实包括收集座位底下和行李架上堆积的垃圾、将座位的方向调整成列车前进方向、擦拭100个座位的所有餐桌、打开窗户的遮光帘、擦拭车窗框、更换座位套、检查遗漏物品、若有遗失物品的情况，要妥善保管、发现物品损坏要与 JR（日本铁路公司 Japan Railways ，简称 JR）联系并作相应处理、将收集好的垃圾集中到一起拿出车外……需要完成的工作种类繁多。

员工在做车厢内清扫的身姿。

用抹布仔细擦拭座位上的每一张餐桌。

在这 7 分钟的时间内，还要打扫厕所。在意想不到的地方常有污物残留，很少有能顺畅地进行作业的时候，因此常常需要员工随机应变地进行处理。

而且一个小组的基本编制为 22 名成员，每节车厢有 100 个座位，都由 1 名员工进行清扫。有的时候现场的负责人和老员工还要去帮助对工作还不熟练的新员工，基本上来说 1 个人必须承担所有的工作。并且给予的工作时间只有短短的 7 分钟，毫无疑问在肉体上也好、精神上也好都对员工造成了相当重的负担。每个小组通常 1 天之内要负责约 20 个车厢的清扫工作，他们是支撑着新干线准时运行的最强团队。

TESSEI 的员工每天所打扫的坐席和擦过的桌子约有 12 万个之多，一年算下来达到了约 4380 万之多。但是仅会收到五六件"桌子是脏的"之类的投诉。而且，这些投诉基本上都是在接到运营新干线的 JR 发出"由于电车晚点、发车提前，可以不用擦拭桌子"指令的时候产生的。

让员工充满干劲的"吃力、肮脏、危险"的职场

在 20 世纪 80 年代，泡沫经济的全盛时期，"3K"这个词曾经很流行。这个词由"吃力（kitui）、肮脏（kitanai）、危险（kiken）"三个词的日语发音首字母组成，用于描述让人敬而远之的工作。新干线的清扫工作正是"3K"工作。

无论如何要在 7 分钟的时间内完成清扫工作，毫无疑问很"吃力"；工作是打扫卫生，在这过程中要处理不少的污物，因而"肮脏"；并且，不知道什么时候一不小心会遇上事故，所以很"危险"。媒体报道的时候都只突出了我们清爽的形象，而现实中这是一项很困难的工作。

正因为是这样一份工作，所以也没有充满干劲的人才来应聘。很多人都是带着"因为失业了，刚好这里招人"之类的较为消极的理由前来应聘的。

然而，在一线工作的员工们都表情明朗，充满干劲。

当然，这也可能是因为，只有适应 TESSEI 的理念和工作模式，能够始终保持干劲的员工才会留下来的缘故。但是我认为比这更重要的原因是，我们公司以现场主导的"全员经营"为目标。

虽然员工有统一的制服，但是夏天的时候员工会穿上夏

威夷衫或者夏季和服，帽子上配上木槿花或者樱花，到了 12 月会在着装上加入圣诞元素，等等。这种给乘客带来季节感的创意都是现场的员工们想出来的。而且这一个个的创意给原本是"3K"的职场带来了活力。

去年韩国铁路国营公司的同仁们来参观学习，当时令人印象深刻的是，该公司的人才开发部长看到充满活力的员工们工作的情形，说了这么一段话："我们曾经认为想要提高清洁工的工作热情是办不到的。但是看到 TESSEI 公司的做法，我们才明白这个想法是错误的。我们今后要丢弃这种想法。"

对于他们来说，清扫人员充满活力地进行劳动的样子本身就是一个很大的冲击吧。这或许不能从韩国铁路公司一贯的价值观来揣测，但是我认为这种反响对现场工作的员工来说肯定是值得高兴的事。

当然我也一样为 TESSEI 的发展感到高兴。对能够与员工同喜同乐的自己，感到欣慰与自豪，因为我和现场努力工作的人们心意相通。

夏天穿着夏季和服来送行

始于礼、止于礼

这是 TESSEI 很注重的一点。

我认为，即使是在 7 分钟内完成了所有的清扫工作，但员工们的表情如果死气沉沉，或者是明显令人感到很无趣的话，都无法给乘客带来感动。不仅如此，或许还会在自己没有意识到的情况下给乘客带来不愉快。

而正如前文介绍的网络评论一般，员工们的工作场景似乎打动了很多乘客的心。这是由很多因素造成的，但其中有一类好评都是针对员工们"始于礼、止于礼"的动作所提出的。

TESSEI 的车辆清扫团队，在所负责的车辆到站前的三分钟之内要到达月台，面向列车驶来的方向整齐地站成一列。然后在列车进站时向乘客深鞠一躬以示迎接。这是以前员工提出"试试鞠躬吧"的建议之后，开始付诸实行的。而现在，这一举措已作为"鞠躬的清洁工"被广大乘客所知晓。

除此之外鞠躬还有其他的作用，那就是鞠躬的话员工们精神上就不会松懈，因此减少了清扫中受伤等现象的发生。

另外，在进入列车清扫之前，员工会对下车的每一位乘客边打招呼说"您辛苦了"边鞠一躬；对高龄乘客、行李较多的带孩子的乘客提供帮助；在做完清扫工作以后也站成一排，对在月台上候车的乘客们说"让您久等了"并再次鞠躬，然后再前往下一个工作岗位。由于员工举止神清气爽，因此得到了乘客们诸如"真有礼貌啊""让人很舒服""让人很安心"之类的高度评价。

不仅仅是在车站的月台上行礼，在负责整个列车清扫的田端和栃木县的小山等服务中心，每当新干线进站时员工都要行礼。行礼也是进行安全确认的一种方式，另外我认为在乘客看不到的时候行礼也是很重要的。

新干线进站时，员工们在月台行礼

在清扫结束后，面向乘客行礼

就一般的看法而言，或许做到鞠躬这一步已经超出了对清洁工的工作要求。事实上，TESSEI 在一步步发展到现阶段的过程中，由于"自己是来做清扫的，做不到这种地步"的抵触心理而辞职的人也不在少数。

　　对于这些人，有必要让其理解 TESSEI 的工作就是"款待""制造旅行的回忆"这一点。

　　于是，我首先向处于关键职位的主管们传递了我的想法。虽然要花费一定的时间，但领会了我的想法的主管们，在日常工作中反复地一点一点地说服了员工。后来，我甚至还听说有的主管对那些认为"我们的工作是清扫！为什么非要做那些事情不可"的员工们，流着眼泪不断地进行劝说。

　　主管们的"我们的工作不仅仅是清扫，同时也是为了让旅客舒适地乘坐新干线，为其制造出独一无二的旅行回忆"的工作热情，就这样切实地渗透了下去。如今，人们已经认识到了"TESSEI 就是这样的公司"，因此对"超出清扫范畴的服务"带有抵触感的人渐渐地就不来应聘了。

　　其结果是，以前不怎么好的职场气氛渐渐地有了好转，觉得"自己的工作就是清扫"而不行礼的员工也不见了。

　　同时也赢得了乘客们的好评。

　　虽然我们所做的事情非常简单，但作为专业人士将正确的礼仪贯彻到底，这样才能打动乘客的心。

我觉得单凭我一个人什么也做不到，我对所遇见的每一个人都会这么说：

"清扫主管们是 TESSEI 的财富。"

"TESSEI，我们已经阻止不了"

TESSEI 的工作已经影响到了新干线本身。

由于地震、台风、事故等会造成运行时刻紊乱，因此新干线到达东京站或者上野站的时间有时候会推迟。

即使晚点了也要尽快地恢复正常的运行时间，这个时候就是见证 TESSEI 能力的时刻。新干线到达终点站，在更换乘务员等工作完成后就可以返回运行了，因此要缩减车厢内的清扫时间。一般要 7 分钟完成的清扫工作时常会压缩得更短，最短的时候我们 4 分钟就能完成清扫。

而且绝对不能因为时间缩短了就可以说"所以无法做到完美"。既然是工作，不管时间是增多了还是减少了，都要求将清扫做到完美。

我觉得在保证质量完成工作的前提下，缩短清扫时间的诀窍主要是，每名员工身上的"使命感""节奏感"和"感觉"。这个很难用语言来解释，是员工通过日积月累的工作而掌握的熟练技巧。

这份工作不仅仅是"在规定的范畴内完成工作"，甚至已经对弥补电车的晚点起到了一定的助力。

经常有了解 TESSEI 举措的人会提出这样的问题。

"TESSEI 这种竭尽全力的做法确实是值得肯定的，但是这能增加收益吗？"

诚然，TESSEI 也是一家公司，会为了增加每一分的收益而拼命努力。不过，这些做法实际上并没有带来很大的收益。得到这样回答以后人们一般还会继续追问"既然如此，为什么还要做这么麻烦的事呢"，关于这一点我有非常明确的理由。

TESSEI 百分百是 JR 东日本的子公司，只要新干线在运营就一定有收益来源。也就是基本上来说收入是稳定的。但是，正因如此更不能安于现状，而应该提出各种想法和对策，严肃认真地对待工作。

这是因为在工作上放松必然会导致事故等问题，也会失去乘客的信任。这是常年从事铁路安全工作的我可以断言的。因此，为了避免这类事态的发生，就要采取各种各样的对策。

基于这样的理由，我们常常会不断地思考：

"接下来能做些什么呢？"

"是不是也能做到这些呢？"

话虽如此，总公司 JR 东日本并没有积极地接受我们的所有想法。

对于我们提出的"我们想这样尝试一下"的想法，有时候会给予消极的反馈意见。在实施现在的体制以前，总公司曾给出"从事清扫的人，做出超出本职工作范畴以外的事情让我们很为难"这样的意见。作为企业这也是无可厚非的。

但在那个时候我对此提出了反对意见。

因为有些东西只有在现场从事清扫工作的我们才能看得到，才能感受得到。而且，这些对于乘客来说是非常重要的事情。

对于乘坐新干线的乘客来说，在车站或者车厢里经历的一切都是"回忆"。换言之，TESSEI 要通过清扫工作来制造回忆、款待乘客。

这样来说，"我们的工作只是清扫，不用做清扫以外的事情"这种想法是与 TESSEI 的理念相矛盾的。

基于这些缘由，我们毫不气馁地不断提出想法并付诸实践，最终 TESSEI 的举措得到了 JR 东日本总公司的全方位支持。不光如此，JR 东日本的石司次男副总经理还这样说道："我们一直强调 JR 是运输工具，因此在服务、款待乘客的意识方面还有很大的改善空间。在款待乘客这一方面，TESSEI 要远远领先于 JR 集团。"甚至还说："TESSEI 的发展态势，已经是我们的力量无法阻止的了。"（笑）正是充分理解了我们的工作态度才有了这些话语，我们表示非常感谢。

"妈妈好厉害！"真切地感到没有做错的瞬间

前文提到在 2011 年 3 月的《日经商业》上刊登了 TESSEI 的特辑，当时还登上了杂志的封面。

杂志发行后不久发生了这样一件事。当时我正在新干线的月台上走着，指导员 T 主管一路朝我小跑过来。

"矢部先生！我给在老家的母亲打了电话，讲了登上日经商业的事，结果母亲都哭了。我女儿也说妈妈好厉害。她买了 10 本，寄给我母亲和亲戚们。乘客们也说在日经商业上看到了。我们现在所做的事情是正确的吧！是这样的吧？是这样的吧？"

T 主管说着眼睛里泛起了泪光。

我非常高兴。对于还在烦恼着"这样行吗""今后该如何做好呢"的我来说，没有比这更强有力的话语了。这一瞬间，我下定决心要和这些人一起开创 TESSEI 新的未来。

第**2**章

成功的种子隐藏在
工作现场！

被赋予了重责大任

现如今备受瞩目，得到了广大乘客们的喜爱的 TESSEI，一路走来的道路并不是一帆风顺的。

我收到调往铁道整备株式会社工作的调令是在平成十七年（2005 年）七月一日。仿佛一切就发生在昨日，回过神来已经过去了八年的岁月，现在我想要表扬一下自己"你认真地努力过了"。因为当时调动的时候脑子里不由自主地会想"为什么要把我调到这种地方来……"

我自从在家乡九州的高中毕业以后，就进入了旧国铁工作。曾经也想过要上大学，但是由于家里的经济状况不允许而作罢。

进入公司以后我被分配到九州铁路管理局，擦拭过漆黑的 SL（Steam Locomotive 蒸汽火车，简称 SL）的锅炉，还担任过烧煤的工作。即所谓的"从底层做起"，从零开始一点点地积累经验。

这样不知不觉间过去了数十年，其间国铁也民营化了。

民营化以后，我当上了 JR 东日本的安全对策部的股长，后成为代理科长，随后被调到东京分公司担任科长，负责现在在首都圈内采用的叫作"ATOS（Autonomous Decentralized

Transport Operation Control System）"的列车运行管理系统，以及首都圈内的运输管理工作。其后被任命为中央线立川站的站长，又担任了横滨分公司的运输部长，之后当上了东京分公司的指挥部部长。

我的专业原本就是安全管理，所以我是一个"一心一意搞安全工作"的人。或许我只有在现场工作的朴实经历，然而不是自夸，我相信自己一路走来是做出了相应的成绩的。

正因如此，当我被调动到工作性质完全不同的 TESSEI 的时候，产生了强烈的违和感。

而且，当时 TESSEI 的工作很不起眼，很累人，说白了就是一家口碑不太好的公司。事故多，乘客的投诉也多，员工们看上去工作也不积极。

说实话当时我也觉得"自己怎么能去那样的地方……"

另一方面，我又想"反正不管怎样都得去，那我就要把 TESSEI 变成一家快乐的公司！"

我作为铁路人已经工作了 40 年，觉得为了国铁和 JR 东日本已经奉献了一生。由于这次是从 JR 退休以后的再就业，该公司应该是我工作的最后一个职场了吧。在不太感兴趣的公司，迎来职业生涯平淡的结局的话，会将我在 JR 东日本多年的努力化为乌有。

"要将其变成自己职业生涯的集大成之作"，于是，我带着这样的想法决定在 TESSEI 再就业。

从资深清洁工身上学到了"体贴"之心

进入 TESSEI 以后不久，我意识到现场的员工们工作能力其实很强，且非常认真努力地对待工作。这一点是与外界对他们的看法不一致的。同时我也意识到他们的这份努力没能给职场带来活力，也没能收获好评，实在是太可惜了。

员工们的努力没有获得应有的好评，这是由于公司管理不善……于是，我就考虑要改变这一现状。

该如何改变呢？给予我启发的是，在我上任后不久做现场实习时的指导老师 H 主管。她是这么跟我说的："最近出行不便的老年乘客增多了，大家都很为难。由于我们忙于仅7 分钟的清扫工作，因此连续作业的时候即使有乘客来问路，我们也无法应对。即便给他们指了路，也会非常担心他们之后的情况。矢部先生，既然已经到了老龄化社会，那就建立一个能够很好地帮助老年人的体制吧。"

我非常重视这段话，觉得她说得非常对，让我茅塞顿开。

诚如前文所述，当时的 TESSEI 是口碑不太好的公司。要想改变乘客的评价，我想只抓住清扫这一点是徒劳的，这或许就是 TESSEI 的新起点。在之后很长的一段时间我一直在不断地思索着该如何去做。

有一天，在现场实习的时候，我和她在月台等待列车进站，H 主管突然说了句"矢部先生，稍等一会"就跑开了。我正想着是怎么回事呢，就朝着她跑去的方向张望，于是看见了爬上台阶后的一对老年夫妇非常失望的神情。

我跑过去听到 H 主管说："非常抱歉，这一班开往新潟方向的列车二位已经赶不上了，离下一班开往新潟的列车出发还有一点时间，我带你们去候车室吧。"

我当时觉得 H 主管真了不起，通过观察爬上台阶的乘客的样子就能体察到其想法，并付诸相应的行动……那个时候我想到，或许 TESSEI 的员工们很多都有着这份体贴之心，但是又因无法表现出来而感到不甘。

新干线的坐席正如宾馆的客房

在初进公司为期一个月的实习过程中，我还遇到了这样的事情。那是发生在田端服务中心的事，当时的指导老师是位资深 partner（在 TESSEI 对兼职人员的称呼）。有一天我在车厢内实习的时候，他突然问我："矢部先生，你知道这个坐席要跟乘客收多少费用吗？"我回答："我想想啊，虽然这也与乘坐距离有关，但大概怎么也得要几万日元吧。"他接着说："是吧，跟宾馆的房间费用差不多吧。既然收取了这么多费用，我们就要把这一个个坐席当作宾馆的客房来精心地进行打扫。"

TESSEI 的每名员工都有这样的想法。这与世人对他们的评价相去甚远。我要把这些员工们的想法传达出去，要和大家一起将之付诸实践。

从那以后，我将他们的话语都记在了笔记上。

只有现场最了解现场的课题和改善措施

　　以员工们的话语为契机，我重新审视了 TESSEI 作为一个组织应有的状态。

　　在这以前 TESSEI 的经营者所从事的工作，一言以蔽之就是"管理"。制作行动指南、规章制度以及员工手册，来彻底贯彻"要严格遵守这些规章""不允许做这类行为"等的管理。

　　TESSEI 是以操作业务为核心来运作的公司，要在短短的 7 分钟内打扫干净车厢，"管理"是不可或缺的。但是，能说管理就等于经营吗？我认为经营者的作用还应体现在其他的方面。

　　我有我的信念。我在做"铁路人"的时代就无数次深深地感受到"现场的课题及其改善措施，只有现场的员工们最了解"。以这一理念为基础，在 JR 东日本时期以我为中心策划并开展了名为"challenge safety 运动"的安全运动。

　　"发掘自己周边的安全方面的课题"

↓

　　"大家一起进行讨论，考虑对策"

↓

　　"大家一起将思考出来的对策付诸实践"

只是这样的一个运动而已。所谓的铁路工作，什么都是按照章程有序地行动的。然而，如果一直保持着这种工作方式的话，自主的思考和实践就变得非常困难。而为了让大家自然地一起来考虑问题，我展开的这一运动非常有效。这种理念不仅适用于安全工作方面，也适用于经营方面。这样想着，我就在 TESSEI 增加了这样几项活动：

"将我们自己做不到的事告诉公司"
↓
"公司将此作为自己的职责来响应大家的期待"
↓
"然后大家互相分享达成的喜悦"

诚然，对当时的 TESSEI 员工们突然之间说这些话是行不通的，因为员工们认为"只要做好分内工作就行了"，突然要求他们思考后再行动，整个组织还未培育出接受这种工作模式的环境。因此，首先可以由公司想出若干个对策并实施，当达到了一定的规模后，就能形成如前所述的那种流程，我当时考虑这样来一步步推进。不用说，这个时候我在实习期间所记录下来的笔记起到了很大的作用。

总公司什么都不知道！

进入 TESSEI 以后，起初我为了观察大家的反应而一点一点地推行我的理念，但从进入公司一年半以后的平成十九年（2007 年）四月开始，我正式提出了"以全新的整体服务为目标"的经营计划。

这个时期对于我来说，是提出我最重要的理念的第一年。

该理念就是"今后，TESSEI 总公司的职能将是一线职场的后援组织"这一宣言。这一点也明确地写在了经营计划当中。当时，别说是员工们了，连总公司的部长们似乎也不怎么关注，但对我来说这一宣言是下定了决心，做好了相应的心理准备的。

一般而言，总公司里的人往往都会觉得自己很了不起，是引领整个公司所有职员的存在。然而，总公司的人真的很了不起吗？事实上，很多时候他们只是打着总公司的招牌什么也不管而已。

某次聚会上，在座的一位主管这么跟我说道"虽然你跟我们说了这么多，但其实总公司对此一无所知"，我觉得这一句话已经表明了一切。

在一般的企业，总公司负责考虑"战略"，分公司负责

"战术"，而一线现场负责"实践"，这样的职能分工是很有必要的。从在 JR 的时期开始我就是这么认为的。但是，在 TESSEI 公司，没能实施这种模式的任务和职能分工。

因为总公司甚至对一线现场的细节也要插手管理。因此，在这样的理念和强加的政策之下，现场才会发出"总公司什么都不知道"的诉苦声吧。

我们可以将总公司的职能归纳为"投资、制度、人事"三项。我认为要充分发挥熟知一线现场的课题、了解其解决对策的员工们的力量，这样一来员工们的成就感毫无疑问能够调动其积极性，带来价值感和自豪感。但是经营者一定要有气度。

诚然，总公司承担着指引整个组织前进方向的重要职责，是必须由上而下地来部署工作。而如果"以全新的整体服务为目标"计划能够在由上而下的基础上，一线的员工们通过自下而上的方式为达成目标而努力，那么这个组织才能发挥出实力。

这一理念也是我在 JR 的时期逐步形成的，即"安全工作由上而下开始，由下而上完成"。换而言之，就是"整个组织的挑战，以由上而下的形式开始，而以由下而上的方式达成"，那是因为"整个组织的挑战，不是依靠一个领导，而是依靠每一个工作的员工的努力和成果来完成的"。

由一个人提出，靠大家来完成。只有做到了这一点，才能变成有良好工作氛围的公司。这就是我的目标。

在提出"以整体服务为目标"的经营计划时，我对员工的反应也做了一定的预先估计，然而员工们的反应与其说是反对，不如说是困惑。

有员工面对面问我："全新的整体服务是要做什么？不会是要我们在月台上卖烧麦吧？"到现在我也没想明白他为什么会想到烧麦（笑）。

但是，自我进入公司一年半以来，就我所目睹的情况而言，这个团队的员工们迟早有一天会跟上我的步伐的。

话虽如此，不论我多么有干劲，现场的人员如果不和我一条心的话，就什么也办不到。

为了让他们和我一条心，首先我所做的事情必须得到他们的认同。

把相遇变成名为"回忆"的伴手礼

在这八年时间里，我们反复确认的一件事就是"我们的商品到底是什么？"并且在讨论到这一问题的时候，我总是说"我们的商品应该不仅仅是'清扫'这一项"。

从东京站、上野站方向来乘坐 JR 东日本新干线的乘客每天约有 16 万人次。加上东北、上越新干线等五个地区，新干线总乘客数一天之内可达到 26 万人次之多，盂兰盆节、年末等节假日的乘客人数更是会达到此数值的数倍之多。单以乘坐新干线的人数来看，就会有各种各样关于旅途的回忆产生。

"'旅途的回忆'，这才是我们的商品！"

很多旅客会与我们的员工相遇，我们得出的最终结论就是要让旅客们将这一相遇变成名为"回忆"的伴手礼带回去。而且我们意识到能够提高这一商品品质的就是"款待"乘客。

诚然，伴手礼在东京站内到处都有的卖，只要踏进店内谁都可以买到同样的商品。但是"回忆"这一伴手礼却不同，它是任何其他物品都无法取代的，是这世间只属于某一个人的独一无二的伴手礼。这样的话，只要将唯有我们才能做到的服务做成"TESSEI 品牌"的回忆这一商品即可。

然而员工们利用一切集会和进修等机会向我提出"矢部先生，我们的工作是清扫呀"这样的观点。

"大家都认为自己在清扫方面是专业的，这一点我认为非常好。但是，你们是为了什么在清扫呢？"

"那当然是为了让乘客们旅途愉快啊。"

"对啊。那么我打个比方，假设你听说有一家餐厅的主厨做的菜很好吃，所以想去那家餐厅就餐。然而你去了以后发现服务生的态度非常差，你会怎么想呢？"

"……"

"餐厅的主厨所做的菜就相当于你们所做的清扫。无论主厨的菜有多美味，如果其他方面不好的话，我认为是无法让顾客愉快的。你们是主厨的同时也是服务生。新的整体服务就是指，为了让旅客体会到旅行的乐趣，从各个方面推行措施直到实现整体的服务。"

"……"

"大家的工作不是清扫，说到底就是服务。"

这一比喻好像起到了帮助员工们解读工作性质的作用。因为从那以后，我再也没听到"烧麦"之类话题，也没有听到"我们的工作是清扫"之类的话语。

在兼职人员或者正式职员聚集的讲习会、会议等场合，我趁热打铁地说道："这么说虽然有些失礼，大家由公司的上游漂流而下，如今到达了 TESSEI 这样的下游。但是希望大家不要因身处下游而感到自卑。如果没有你们的打扫，新干线就无法运行。因此，大家不是清扫的大妈、大叔，你们是从清扫这一层面，来支撑有着世界最好技术的 JR 东日本新干线的保养工作的技术人员。"

如此一说，在场的很多员工们眼睛一亮，非常高兴。不过，仅仅这样是不可能打动员工们的心的，现实不会如此简单。

当时 TESSEI 有约 700 名从业人员，如果我费尽口舌去教育每一位员工，说"我们是清洁工的时代已经结束了"，这样既费时间也无法得到员工们的信赖。

这种情形下，我就考虑培养出能够将我的想法传达下去的人，通过这些人间接地将我的理念传达出去。

那就是彗星主管（comet·supervisor，简称 CSV）。这是以负责头等席的部门之前就有的"彗星清扫中心（comet clean center）"为基础，组建起来的团队。

彗星清扫中心配有被称作彗星队员的员工，在东京站负责折返新干线上的头等席、月台、卫生间的清扫工作。他们之前自发地为乘客们指路，于是我将这些员工进行重新组编，改变团队名称，让其在清扫的同时正式地为乘客做好服务。

为了让他们认识到自身是服务乘客的全新团队，公司还为他们订制了新的制服，由我亲自进行教导和训练。对于之前只从事安全工作的我来说，关于服务的授课和教材制作是一个未知的领域，但是当时大家都袖手旁观，所以我只能亲自上阵（笑）。

被任命为 CSV 的 14 名员工，都是能够理解我的理念，并将之付诸实践的人，我让他们活跃在第一线。其他的成员看着他们大展拳脚就会产生各种各样的想法，这个影响力要比我讲千百回来得深远得多。

不仅仅是清扫，还是首个将"款待"纳入业务范畴的
CSV 团队。

另外，这是所谓的超出了正常业务范畴——清扫以外的工作，因此在向 JR 东日本汇报"请允许我们为乘客提供服务"的时候，总公司非常震惊。

随后 JR 东日本提到的是费用的问题。也就是成立 CSV 必须要招募成员，会不会产生费用的问题。当时我回答："当然会产生费用，但因为是本公司的自主行为，所以不会向总公司索要资金。"

我说不需要资金是有理由的。那是因为如果接受了资金，就要遵循出资方——JR 东日本的意见，我想要避免这种情况。

首先，当务之急是要做出实际成绩，如果掺入了总公司的意见的话，我觉得项目就无法顺利地实施。因此，我向 JR 东日本转达了"等做出了成绩再申请资金"的想法。后来，为旅客指路等服务得以顺利实施，并取得了收获乘客好评等的成绩，直到三年后总公司终于出资承担了部分的费用。

可以说，我是做出了成果以后将其推销给了总公司，如果刚开始的时候就接受了 JR 东日本的意见，或许就不会有 CSV 的成功。要想开始新的事业，即使不能在短时间内获得收益，也要不断地做出成绩，并将其作为商品来进行宣传，我觉得在某种程度上来说这是有必要的。

现在，在东京服务中心有一支约 24 人的 CSV 团队，通过进修或者团队自主的训练，来彻底地学习礼仪和言行举止，在指导 TESSEI 员工方面也起到了重要的作用。

当然，这些员工们也不是一开始就理解我的想法的。也有一些人不能赞同我的理念而辞去了工作。只不过他们在看到 CSV 登上了报纸，被邀请参加各种集会变得万众瞩目以后，慢慢地也在形式上追随了我。为了彰显 TESSEI 的特色，引人注目也是有必要的（笑）。

在听到"矢部先生每天都色眯眯地到 CSV 的年轻女孩跟前去"这样的谣言的时候，我觉得"好极了"，因为这正是人们对我们予以关注的证明。

不过虽然实施得比较顺利，但这种做法如果没有周围的人给予大力支持的话，本人就孤立无援了，因此必须要小心谨慎。我们取得成功的背后满是艰辛。

制服革新

　　我想要让大家转变观念，其中的一个手段就是改变他们的制服。因为之前的制服实在是只能让人联想到"清扫的大妈和大叔"。

　　人的眼光会被外表和装扮所左右。因此有必要改变员工的装扮，让人觉得他们"不仅仅是清洁工，也负责指路的工作"。而且我认为周围人们的目光变了，本人也会随之发生转变。

　　但是，这件事也遭到了员工们的抵触，他们说"一直穿到现在的制服是最好的"。

　　于是我想到了一个点子，我拿来了大约 30 种制服的样本，对员工们说"希望大家给你们觉得好看的制服投票"。

　　投票的结果非常的分散，于是我拿出我已经决定好的制服样本说"投票的结果表明这件是第一名"，没有唱票就宣布了最终的结果。各位，抱歉了。

新的制服（当时）

经历过这一番周折而引进的制服，其效果是非常好的。在这之前，乘客即使有不便之处，当他面对穿着 TESSEI 制服的员工也还是会觉得"问清洁工的话，他们也不知道吧"。但换上新的制服以后，乘客们逐渐开始向员工询问各种问题。而员工们也意识到自己的言行被乘客们"关注着"。

此外，为了让员工们认同新的制服，我还下了很多的功夫。例如有一个兼职员工 T，刚开始的时候她对新制服感到很别扭。有一天她穿着新的制服回家，并且问家人"觉得怎么样"，家人都说"奶奶好帅"。T 员工跟我说这件事的时候，我能感到她发自内心的开心。我让她马上将这件事写入了公司内部报刊当中。之后陆续有乘客赞美"制服真好看啊"，我也终于安心了。

这套制服是从餐厅系列、娱乐场所系列的颜色鲜艳、美观的制服样本中挑选出来的，因此效果比较好。在此，我的"彰显特色就是要引人注目"的理念也获得了成功。

不想因为没有资金这一理由而放弃

五年后，我们又更换了一次制服。同行的其他公司觉得能如此频繁地更换制服的 TESSEI 很有钱。其实没有这回事，TESSEI 的大部分营业额都来自于 JR 东日本，并没有那么丰厚的资金可支配。

之前的制服是半定制的国产货，不仅设计不怎么样，价格也比较高。而且，因为我们雇有兼职人员，所以会有存货，还需要一个大仓库来放置制服。

于是我想把制服换成成品，从样本当中进行挑选。最终采用的是中国生产的制服，而且只要一个电话对方就可以按我们所需的数量随时送货上门，因此库存也得以锐减。与之前相比，每套制服可节约成本 1000 日元以上。当时我们有700 名员工，因此可以说是削减了大量的经费。

人不能总想着"因为没钱所以什么都做不了"而放弃目标，为了将自己的想法付诸实践，没钱也要想出没钱的办法，如果做不到这一点，那么任何事情都无法推进了。

新标语"清爽、放心、温暖"

要想将一个想法贯彻到整个公司，具体的措施虽然重要，但恰当的宣传语也是必不可少的。

于是我们管理方与员工们合作，创造出了"微笑TESSEI"这一核心理念。其中所宣扬的最广泛的标语就是"清爽、放心、温暖"。

·清爽

车站和车厢是迎接旅客、款待旅客的平台。如果这个平台不整洁的话，一切努力就都白费了。要为旅客创造出干净、清爽的空间。

·放心

TESSEI 负责新干线的运输职责，最重要的任务就是确保安全。在确保安全工作万无一失的同时，以清爽的形象、利落的行动来加强旅客的安心感和信赖感。

·温暖

TESSEI 非常珍视与乘客们的相遇，要让旅客将与我们的相遇当作名为"回忆"的伴手礼带回家。

　　然后，将这一理念制作成宣传册分发给全体员工，并开展了"打造旅途回忆活动"。通过这一系列的举措，组织内部的各种隔阂慢慢地就减少了。

工作的动力源自于生活和地位的稳定

在 TESSEI，全都是有着各种各样经历的人。大部分人在进入 TESSEI 工作以前，都从事过各种工作。

要让有着各种经历的员工们能够充满干劲，该怎么做比较好呢？在解决这一问题的时候，我首先考虑的是让员工的生活和地位能够稳定下来。

让 TESSEI 的工作人员都能公平地拥有职业发展路径（人才最终发展目标的道路模式），为了实现这一目标，我制定了现有的人事制度。

在此之前，想要成为正式职员，首先要从兼职做起。在兼职过程中如果能够得到部门负责人的推荐的话，就可以参加正式职员录用考试。另外还有年龄限制，有资格参加考试的必须是 45 岁以上的员工（顺带提一下，在 TESSEI，过去也好现在也罢，进公司的员工都是从兼职开始做起的）。

然而，新的人事制度规定，只要兼职超过一年时间，任何人都能参加正式职员录用考试。并且，成为正式职员以后工作两年以上，就可以有资格参加主管升职考试。升为主管工作三年以上，有部门负责人的推荐就可以参加管理岗位的考试。

此外，TESSEI 原本规定 63 岁退休，现在出台了新的委任制度，即使到了退休年龄，原则上也可以工作到 65 岁。而且因为是"原则上 65 岁退休"，所以事实上有很多员工超过了 65 岁却仍然活跃在工作岗位上。

与世人的想法相悖

在我进入 TESSEI 的时候，员工的兼职比例为 58%。与一般的企业一样，TESSEI 为了降低成本而不断地增加兼职人员的比例。但是，兼职比例的增加必然会导致人员的不稳定。实际上，当时我调查了一下兼职人员的工作年限，其中有半数都是工作未满一年的。

结果是可以预测的，在这种情况下，员工的技术水平和对公司的忠实程度必然会下降。事实上，当时确实失误频发，乘客的投诉也很多。这也是造成 TESSEI 口碑不好的原因之一。如果问我"是要削减成本，还是要获取乘客们的信赖"，答案当然是后者。因此，要尽量地增加 TESSEI 的正式职员比例。我觉得从各种层面上来说，这样都对 TESSEI 更好。TESSEI 未来的目标是要将兼职比例降到 30%。

这或许与世人的想法相悖，但是如果仔细地考虑，就会发现是理所当然的。当今时代存在"减少正式职员"的倾向，但我认为原本就不该由兼职人员或者合同工，而是要由正式职员准确地理解公司理念，不断地磨炼技术，掌握礼仪，从而为公司的发展做出巨大贡献。

公司成员的工作动力，应该是以生活和地位上的稳定为前提而产生的。

从这个意义上来看（我们并没有制订那么周密的战略），我们有自信说自己所做的没有错。但我们绝对没有引以为傲，而只是理所当然地做着分内之事。

下面就具体阐述一下，通过拓宽成为正式职员的路径，给员工的内心造成了什么样的影响。

"我想亡夫会理解的"

这是在人事制度改变以后，举行第一场正式职员考试的时候发生的事情。考试当天，我上班的时候有人向我汇报："听说 N 女士的丈夫昨晚去世了，我想她没办法参加考试了。"我回答："这样啊，虽然很遗憾，但丈夫去世了，也只能下次再努力了。"然而那位 N 女士却气喘吁吁地来到了考场。

"N 女士，您丈夫去世了，不要紧吗？"

"没事的。这对我来说是期盼已久的重要考试。我想亡夫会理解我的。"

N 女士的眼睛通红，还泛着泪光。考试一结束，她就急急忙忙地赶回去了。她通过了考试，当然，不是靠同情，而是靠自己的实力。

那以后，N 女士一边照顾着丈夫年迈的父亲和孩子们，一边拼命地工作。成为正式职员之后，她又挑战了主管考试并通过了，N 女士这样对我说道："孩子们终于踏入了社会，我也能够看护亡夫的父亲了。我终于还清了对亡夫的亏欠，松了一口气。"

第 12 次的胜利

兼职员工 C 先生，是考试制度变革以后，正式职员录用考试的常客。TESSEI 的正式职员录用考试分为笔试（一般常识、业务知识、作文）和面试。C 先生哪一项考试都完成得不够出色。判定合格的标准，考试是一方面，而我们更看重的是日常业务中的表现。但是 C 先生日常业务也不出色。若按照以往的制度的话，他不可能得到负责人的推荐，但是现在大家都有了考试的资格，他就反复地来参加考试。

在落榜了大概十次左右的时候，我明确地对 C 先生宣布："这个考试只不过是为了最终确定人选而设的，其实每天的工作都是考试。如果你日常的工作很马虎，那还是不要来参加考试了。"

之后，C 先生很长一段时间没来参加考试。到他第 11 次来考试的时候，我感觉到"咦，他是不是有点不一样了？"然后到第 12 次他来参加考试的时候，C 先生的言行举止都发生了很大的变化。部门负责人也报告说，他的日常业务水平也提高了。作为考官的我在心里说道："C 先生改变了，这次大概可以了。"

C 先生最终通过考试成为正式职员的时候，已经 61 岁了。

"S 先生的日语变好了"

出生在中国，加入了日本籍的 S 先生，作为兼职人员进公司三年后来参加考试。面试的时候我们问了很多问题，但是他似乎听不懂的样子。说是耳朵不怎么好，实际上好像是还不太懂日语。

我对其说："S 先生，成为正式职员也就意味着必须要指导兼职人员的工作。必须要会日语啊。"然后就让他回去了。我对 S 先生不会日语这件事情感到不安，于是就去现场查看了一下，发现他工作做得不错。

TESSEI 每年有两次录用考试，第二次我又担任了 S 先生的面试考官。虽然他的日语又稍微提高了一点，但还是远远不够。聊天的过程中他说："我有一个在上高中的儿子，我要想办法让他上大学。"我鼓励他说："这样的话，你就更要好好学习，努力争取让儿子上大学。"然后让他回去了。

再下回，我又一次担任了 S 先生的考官。这次他虽然没有非常流利地说日语，但已经能够完整地用日语来表达了。而在这之前，他的作文只用歪歪扭扭的字写出了两行……

我不由得问 S 先生："这次怎么了？进步很大啊。"然后

S 先生这样说道："我们组的主管们对我说'S 先生，你是真的很认真地在工作着，因此我们希望你能通过职员录用考试，日语的话我们给你进行特训。'他们拼命地教我，而我也拼命地学习了。这都是主管们的功劳。"

现在，S 先生作为正式职员充满活力地工作着。最近我又遇见了 S 先生，我问道："S 先生你好吗？儿子怎么样了？"

他答道："我很好，谢谢您。儿子已经顺利地进入大学学习了。"

虽然日语还不算流利，但是他回答得非常明快。

连斟酒都不会的职员……

在新的制度下，N 先生通过了主管考试。在我们公司，当有职员通过职员考试或主管考试的时候，大家就会聚到一起开庆祝会。在庆祝会上 N 先生说出了这么一件事："那个，矢部先生，原本不想说这事的，以前和所长喝酒的时候，他说我'连斟酒都做不好的职员是没资格成为主管的'。因此我放弃了，但是新的制度不需要负责人推荐，所以我下定决心参加了考试。真庆幸我参加了考试，我会继续努力的。"

我什么话也说不出了，虽然我至今都不知道以往 N 先生是怎么被训的，但是 N 先生的内心确实受到了很深的伤害。

那一瞬间，我深切地感受到尊重每个人、公平地对待公司所有员工的重要性。

　　在考试制度变革这件事上，每名员工都有着各种背景和情况。作为一个经营者，我认为不可以马虎对待任何一件事情。

故意将不听话的人排除在外

我不知道自己所做的事是否会有成果，但不知从何时开始，员工们变得赞同 TESSEI 的做法了。比如在员工培训方面，我们只不过做了自认为理所应当的事，但是接受培训的员工却非常地感动，认为"从来没有公司如此认真地给我们做培训"。

虽然是意料之外的情况，但我们让员工们感受到了"与之前的不同"。而且这种感受能够刺激他们产生干劲，因此对待如此辛苦的工作，他们也充满了活力。

但是每个人是不同的，不要幻想所有的员工都会这么想。实际上，在有着不同想法的员工当中，也存在没有干劲、没有积极性的人。

该怎样对待这些人呢？我觉得解决这一问题的方法也是多种多样的。也有温和地包容他们，从中寻找突破口的方法。但是，对无论如何不肯干的人，或者不听话的人，我会故意把他们排除在外。

公司是一个组织，尊重个人意愿和情感并不一定总是排在第一位的。甚至我们有充分的理由认为，那种模棱两可、含糊不清的态度是会破坏公司和谐的。

所以，我要把他们排除在外。有很多人因被排除而意识到了什么，并且亲眼目睹了那些接受公司的理念并付诸实践的员工获得了成功。在不知不觉间，他们就会觉得自己不能再这样了，要跟大家一起努力。

第 3 章

公司是现场的坚强后盾

对于 TESSEI 来说，"成果""使命"是什么？

可能是受电视、杂志等媒体多次介绍的影响吧，人们可能会觉得 TESSEI 是一个到处洋溢着笑容，充满了家庭般的温馨舒适氛围的公司。

然而，这其实是一个很大的误解。实际上，能够沉下心来踏踏实实地长期工作的员工并不多。

带着"我似乎也能做到，姑且试试看吧"这样的情绪，来到 TESSEI 的人占了不小的比例，当然这种类型的人几乎都不会在这里安定下来。

刚开始的一个月非常关键。可以说能否坚持工作一个月，决定了其今后的发展。有很多人受挫于工作任务的繁重。持续工作一个月，经过进修和实际操作，如果在三个月后能够独当一面的话，大多数情况下该员工就会安定下来而不会辞职了。另外，能够持续干下去的人，都是在不知不觉间对 TESSEI 的理念产生共鸣，开始想要在这家公司实现一直以来未能实现的梦想的人，他们在 TESSEI 收获的是"工作"以外的某些成就感。

我们 TESSEI 公司既然是一家企业，就会追求成果。

要做出成果最重要的因素是人。让员工们充满活力地工作并做出成绩，这比什么都重要。

那么，什么是促使员工"充满活力地工作"的因素呢？

例如，如果是制造商的话，会向顾客宣传"这个产品有这样的用途""您购买这款产品，可以获得如此多的享受"等来促使顾客购买产品。

然而，我们所能提供给顾客的东西稍有不同，是通过清扫这项工作来向顾客呈现"旅途的精彩"。我们希望乘客能将旅途中获得的满足感带回去。这不单单是"工作（task）"上的"成果"，可以说这是对乘客的一种"使命（mission）"。

因此，TESSEI 除了"工作"以外，还要将员工的"使命"具体化，为此我们推出了"TESSEI 是为何而存在的"这样一个"企业再定义"的活动。

自上而下的指挥系统是不可或缺的

诚如第 2 章中所叙述，我们要让公司全体职员都一起思索"旅客期望的是什么"。为了实现这一目标，有一个不可缺少的条件，那就是明确的自上而下的体系。为了自下而上地做出成果、完成使命，自上而下的体系是必不可少的。

TESSEI 的根本业务——清扫工作本身就是一场作战。团队领导的命令是绝对的，在团队全力以赴地进行清扫的时候，不允许下面的员工违抗命令，或者按照自己的想法为所欲为。就这一点而言，是不允许有任何例外的。同时，如果没有始终如一、毫不动摇的指挥系统的话，就无法在短短的 7 分钟内完成新干线的清扫工作。

这也算是回答了前文所提到的 TESSEI 为什么既不是家庭式的，也没有温馨舒适的气氛。

- "纪律"中的"自由"
- 温暖、严格、公平
- 明确的自上而下和自下而上的系统
- 尊重和自尊

对于我们来说这是重要的四个准则。其中的"温暖、严格、公平",换言之就是指人员的部署、表彰、加薪、晋升、降职、解雇等方面。

总而言之,带着一颗尊重的心来恰当地实施人事考核,贯彻实施自上而下和自下而上的体制。这样一来,员工的工作热情就会自然而然地上涨,对工作也会产生自豪感。

大家都在努力地工作,认真地对待这一点的那种"温暖"是非常重要的。但是,这当中也有人工作马虎应付,或者扰乱了团队合作,对这样的人,TESSEI 会严格对待,有时候也会宣布让其离开公司。

顺带提一下,TESSEI 在录用人才上是不问国籍的,也会积极地起用外籍人员,只要满足条件也可以录用为正式职员。

也有人会担心"有外国人加入的话,会不会产生各种问题",我觉得这个担心是不必要的。我们会定期核查员工就业的相关证明,事实上在外籍员工方面我们也从未发生纠纷问题。甚至有很多外籍员工取得了非常好的成绩。甚至有些外籍员工通过自己的努力当上了主管的职务。

也就是说,国籍并不是问题,说到底重点在于人,在于人做出的成绩。从这个意义上来讲,他们与日本籍员工是无差别的,理应被公平对待。

如何公平地做出评价

　　在考虑"平等"这一词的时候，我总是在想一个问题，那就是"平等"和"公平"应该是不一样的吧。我觉得平等指的是"没有差别"，而公平指的是"对所有员工都平等对待"。因此，在 TESSEI 我们也要尽量做到公平看待每一个人。

　　那么，为了能够做到公平，我们应该做些什么呢？

　　例如，对于诸如不能完全遵从公司的指导方针的人，在奖金上要有所差别。而对工作上很努力但是没有取得成绩的人，至少要对其努力给予一定的奖励。

　　A 先生拼命地、勤勤恳恳地努力工作。B 先生工作偷工减料。那么，在考评的时候，A 先生的奖金要有所增加，而B 先生的奖金就要有所减少。因为如果不这样处理的话，像A 先生这样的员工就会失去工作热情。

　　就是要这样来保持组织的秩序和平衡。

　　另外，还有很重要的一点是"批评的方式"。

　　在批评员工的时候，要注意避免使用否定对方人格的语言。因为有很多人在进公司的时候相较而言年龄较长，他们的价值观和思考问题的方式已经定型，所以一定要注意斥责和批评的方式方法，但是对于不认真工作的人一定要严厉批评。因为他们的工作态度会带来危险和安全隐患。

我认为在"温暖、严格、公平"准则当中，最重要的是
"严格"。因为让员工感受到严格和危机感，也有利于他们将
来的成长。此外，要想让员工感受到严格，也有些小的诀窍。

基本上我不属于"可怕的上司"。我总是喜欢开玩笑，以
平等的姿态来与他们接触，所以员工们不怕我。

不过，发火的时候我会发得很彻底。经常发火没有效果，
但不怎么发火的人偶尔发火的话，就很有效果，对吧。因此，
我发火的时候就很有效。

从根本上说，铁路是章程的世界，不遵照章程来行动的
话，就不能满足乘客们的需求。正是因为这样，对待脱离章
程的人要非常地严厉。

但是，不能只拘泥于这一点，否则"温暖"就容易被
遗忘。

100-1=0

为了表现出"温暖"，我在很多方面进行了考量和实践。"提高公司对员工提案的实现力度""提高公司对员工的支持力度"就是其中之一。关于"提高公司对员工提案的实现力度"将在后文进行陈述。所谓的"提高公司对员工的支持力度"是怎么一回事呢？这主要是着眼于每天辛苦劳作的员工们的精神世界，给予持续不断地支持和鼓励。

将员工们的想法付诸实践，让他们的制服符合时代的潮流，等等，为了让员工感到"喜悦、快乐、自豪"，我们做了各种各样不同形式的尝试。

其中的一个尝试就是让员工学会"成员·伙伴之间互相认可"，接下来我要讲述的"天使·报告"就是其中的核心部分。

作为提高对员工支持力度的具体措施而开展的"天使报告"活动，始于平成十九年（2007年）。该活动产生的契机是在我实习期间，我在当时东京清扫中心所长的办公桌上，看到了堆起来的几本小册子。小册子的名字叫作"天使笔记本"，是主管们将自己感觉好的行为记录下来，然后向所长进行汇报用的。

小册子上只盖有所长的印章，我问所长"这个要给大家看吗？"回答是只给所长一人看。我觉得这是在暴殄天物，应更有效地利用这个册子。

然后，我从 4 月 1 日开始正式启动了天使报告活动。最初，从主管当中指定了 30 人为天使报告员，进行了为期一天的培训。培训中讲解了公司的想法和新的整体服务目标，至今我还记得当时大家茫然无措的神情。

那个时候公司宣扬"100-1=0"公式，这个被称作安全方程式，也可以称作服务方程式，100 个人做的工作，其中只要有 1 人引发了事故，或者受到了投诉，所有的努力就都化为了零。因此，领导层为了消除这个 1 都很拼命。一旦发生 1 的事态，就会训斥员工"你们在干什么呀，岂有此理，太松懈了！"

但是，不应该忘记，剩下的 99 个人没有引发事故，也没有招致投诉，每天脚踏实地地在工作着。不顾及这些人的感受而反复地斥责"太松懈了"，这样一来剩下的 99 个人将会失去干劲。有人抱怨"我们公司的员工工作热情很低"，或许原因就在于此吧。我认为员工的工作热情低原因多出在经营者身上。

在 TESSEI，要继续努力地消除 1，但是我觉得更重要的是要珍视那另外的 99。前文提到天使报告源自于"天使笔记本"的事，实际上在那之前就有员工跟我提过以下的话题：

"矢部先生，充满活力地在努力的人会很引人注目吧？"

"是这样的呀，这样的人非常棒，希望大家都能向他们学习。"

"但是矢部先生，那样的人只占了很少一部分。而在TESSEI有很多每天脚踏实地、勤勤恳恳工作的人哦。TESSEI就是由这些人支撑起来的。希望矢部先生能够好好地关注这些人。"

是啊，如何来看待这些人是一个很大的课题。在不知道如何来解决、实践这个课题的时候，我发现了"天使笔记本"。

也可以说天使报告的诞生是源自于员工们的提议和建议。

"只是做了应该做的，为什么要褒奖呢？"

天使报告活动开启了，30 位天使报告员不断地将踏踏实实、勤勤恳恳努力工作的员工信息汇报过来。对什么样的努力程度给予表扬，其标准交由报告员来判断。

刚开始的两年，汇报过来的件数超过了 1000 件，还算不错的成绩，但并不是令人满意的成绩。我认为应该还有更多的勤恳工作的从业员未被发掘出来。尤其是拥有 200 名员工的田端服务中心，报上来的件数很少。

我询问了件数少的原因，田端服务中心的指导员们大多提出了这样的疑问："员工只是做了应该做的，为什么要褒奖呢？"于是我这样回答道："你们命令员工们勤勤恳恳地做着日常应做的工作，而员工们都按照你们的要求认真地完成了。踏踏实实地践行着主管们教诲的人，为什么不能受到褒奖呢？"

在各种场合，经过数次这样的争论，终于从第三年开始，报告上来的件数以超过之前两倍的势头增加了。我这样表述的话，可能大家会将这件事理解成"件数至上主义"，但是我还是鼓励他们再多汇报一点。因为就是有这么多数量的员工每天都在努力工作着。

配合这个活动，我对表彰制度进行了全面的修正。之前是以团队表彰为中心，个人表彰仅仅是诸如工龄表彰等的，只要持续工作就能获得的表彰，我在个人表彰制度上进行了全面的改革。由此，在可能的范畴内，对被汇报上来的员工进行个人表彰。同时，不仅仅是针对被褒奖的员工，我们还出台了"表彰经常褒奖别人的人"的制度。

"褒奖"和"表彰"，并不只属于取得卓越成绩的人，同样属于为了公司的成长和昌盛而踏实勤恳地工作着的人。

提到我们 TESSEI 的"褒奖"体制，有人会说："褒奖很难，在我们公司总是不能很好地实施。"我则会这样对他说："所谓的褒奖，换言之就是准确地把握每一个人的努力成果，并且给予恰当的评价。我觉得这是管理者最根本的职责，最好不要在这一职责上敷衍了事。"

不过，管理者的根本职责不仅仅是"褒奖"，也包括"斥责"，在这里我姑且先这样说。

"斥责"是非常简单的，有不好的方面凸显出来了，只要就其进行责问就可以了。但是"褒奖"这个行为是不容易做到的。因为为了褒奖员工，就必须要对其进行充分地观察。此外，发挥"这个人在大家看不到的情况下是这样工作的，应该是没有任何问题的"这样的"想象力"也是很有必要的。

领导层错过了很多"踏实勤恳的员工"

　　始于平成十九年的天使报告活动，到平成二十四年（2012 年）年度报告上来的件数超过了 13000 件。在本书第 72 页将对其中的几个进行介绍。

　　TESSEI 的领导层就是这样，忽视了员工每天努力工作的样子，在总公司居高临下地对员工进行"岂有此理，好好干"这样的叱责和鞭策。我真的觉得非常难为情，觉得很对不起员工们。

　　现在不一样了，我们接受每名员工的想法，共同理解和拥有 TESSEI 的美好，这样的体系日渐完善。我们相信肯定自我的那份感动，会给员工带来今后的发展和成长。

　　企业规模越大分工越细。而且，规模越大越难以统率，越容易忽视默默无闻的人们的努力。但事实上，想要管理好每一个现场，就必须要先树立某个典型。因此，抓住容易产生效果的一个点，然后进行重点扶持，这是很重要的战略。

　　在开始实施包括天使报告在内的各种计划时，我们首先会有意地放大东京站的员工们大展拳脚的样子。那是因为东京站是令人瞩目的中心所在。也就是说，在东京站如果取得成功的话，就会更具说服力。这是实践"彰显特色就是要引人注目"理念的最好场所（笑）。基于这样的理由，我们先在东京站做出实际成绩，然后再推广到田端服务中心、上野、小山服务中心等设施。

活动刚开始的时候，在田端服务中心工作的员工们抱怨"你们忽视了我们的工作"，这也是预料之中的。为了取得更好的效果，我们有意以这种方式来进行推广。

另外，天使报告中也存在"负面报告"的一面。在阅读员工们所有真实想法的过程中，也浮现出了让他们觉得"（作为公司的制度）这太奇怪了"之类的问题。

然而，员工们在半放弃的状态下，抱着"没办法"的心态继续努力着，这不是好现象，因此这种情况下，要让现场产生"这就可以了吗？"的危机感，或者向JR总公司汇报并敦促其进行改善。因为这种负面的报告必须要向JR或者TESSEI的管理层进行汇报，以共同承担风险。

汇集来的天使报告

○有一位男性乘客，对在第一月台上等待列车进站的 U 先生说道："经常看到你们工作的样子，真是非常地干净利落。你们大概要多长时间能够完成工作？"实地了解到有乘客认可我们日常的工作，就会对一直以来我们所从事的工作产生自豪感和自信。也会进一步明确自己今后要努力的方向。

○有几位外国乘客在月台上认真地观看我们做车内清扫的样子。

工作结束后，我们在月台上列队鞠躬……他们爆发出热烈的掌声和欢呼声！

旁边的日本乘客也对我们说"辛苦了！"

我们团队非常感动，真的感觉很幸福。

新干线剧场，真是太棒了。

○乘客通过车窗，被车厢内正在做清扫的 K 先生的样子给迷住了，等 K 先生从车内出来，她说："你做清扫的样子太棒了，我们拍个照做留念吧。"然后 K 先生与那两位乘客，三人一起合影留念。乘客对他说："这将会成为美好的回忆，谢谢你。"K 先生害羞了。

○有一次，一个抱着婴儿的女士，询问正在中央广场洗手间清扫的 T 先生："这里没有婴儿床吗？" T 先生回答："非常抱歉，位于南出口的洗手间有婴儿床。如果不介意的话我来帮您吧。"然后在她上洗手间的时候，T 先生帮她抱着婴儿。在中央广场的洗手间多次发生这种情况，总是给乘客带来不便，深感抱歉。

　　○在完成作业刚要下楼梯的时候，看到一个约五六十岁的、腿脚不便的女士，抱着三件行李爬上来。每爬一级台阶都要先将行李放上去，然后自己再往上爬。M 主管和 T 主管看到了以后，到楼梯底下去询问："您要去几号车厢？"原来该乘客购买的是无座票，要在这个楼梯的相反方向上车。两位主管帮她把行李搬到了车上。这位乘客含着眼泪，双手合十地对他们说"非常感谢"。

○彗星队员 S 先生，在中央广场的婴儿休息室进行巡回清扫时，看到床上躺着一个上半身赤裸的婴儿，其母亲似乎在为什么而烦恼着。注意到这些的 S 先生，上前询问后得知"婴儿的衣服湿了，不知该怎么办"。S 先生马上折回值班室，将坐席潮湿时使用的干燥机借给了这位母亲。这位母亲向 S 先生道谢："帮了大忙了，谢谢你。"S 先生急中生智，让婴儿避免了受寒，我觉得这非常棒。

○从远处走来一个大约四五岁的小男孩，边说着"这个也给你"，边将空的便当盒递给中央广场正在进行垃圾回收的 K 先生。K 先生笑着收下了，并对男孩说："谢谢你拿过来，这个送给你。"将一张明信片递给了小男孩。小男孩说了声"谢谢"，就回到了正在等他的父母的身边。他父母听了小男孩的话，微笑着跟 K 先生打了个招呼。正是因为 K 先生总是带着微笑工作，小男孩才会带着微笑将垃圾送过来。

○一个五岁左右的小女孩想要一个人下车。那个时候，M 先生正在收垃圾，小女孩一脚踩空眼看就要摔到月台和列车之间的缝隙里去。M 先生瞬间双手抱起了小女孩，真的是千钧一发。跟在后面的母亲松了一口气，不停地向 M 先生道谢："非常感谢你救了孩子。"

在选举中也大显身手的天使报告

在其他行业中，也有活用天使报告的范例。

2013 年 5 月，自由民主党服务产业振兴议员联盟的国会议员们，来 TESSEI 参观学习。莅临的有联盟会长、内阁常任委员长平井先生，众议院议员 16 名，还包括经济产业省的职员在内，一行共 22 人。平井先生近距离地察看了在新干线站台 7 分钟折返车辆的车厢内清扫工作后，说道："我从心里对从业员们的开朗和周到的服务感到非常感动。我们带着必须要让日本更具有活力的想法努力至今，我确信日本的潜力就在这里。"

同年 10 月，平井先生与他本人所在的香川县选举区的建筑维修协会的同仁们一起，再一次莅临 TESSEI。上一次来时，平井议员对 TESSEI 的天使报告感触很深，于是对协会的同仁们说："在这次选举中，TESSEI 的天使报告这一形式有力地支持了我们至关重要的网络选举战略。"平井议员担任党内的网络媒体局长，据说他给所有的参选人员配发了平板终端，以传递每天的分析报告，或者需要特别强化的争论点。

其中发挥了很大作用的就是"天使·链接"。该活动比起消极的信息，更重视积极信息的收集，然后进行信息的重新发布。参选者们受到了它的支持，人气得到了提升，真的发挥了很大的作用。

对于这件事情，我感到吃惊的同时也非常感动。迄今为止有很多人来 TESSEI 参观学习，都对天使报告赞叹不已。但是，像这样将天使报告的内容付诸实践，并在短期内取得效果的，实属首次。

我认为我们应该要向平井议员多多学习其丰富的想象力。

调动员工工作积极性的"情绪调动语"

通过天使报告，我们从组织上形成了表彰的体制。接下来要考虑的是，在日常工作中，上司或者同事等赞扬或者认可身边员工的方式。我觉得谁都一样，就好比"因为做了某种事情而被表扬，感到高兴"一样，人都会因一点点小的契机而感到喜悦或者幸福，产生自信。

TESSEI 给员工们发放了名为《情绪调动语集——天使的世界》的小册子。上面按照五十音图（是将日语的假名以元音、子音为分类依据所排列出来的一个图表）的顺序罗列了各种"令人积极性变高＝让人充满活力的一句话"。下面列举其中的一部分。

· あ行

"谢谢"：被感谢后，积极性会变高。

"真棒呀"：得到表扬的话，积极性会变高。

"一定会顺利的"：受到鼓励的话，积极性会变高。

"笑着说早上好"：笑容可掬地和他们打招呼的话，积极性会变高。

"你真风趣啊"：个性得到认可，积极性会变高。

· か行

"很努力啊"：自己的努力得到认可，积极性会变高。

"真舒适""很愉快"：说出这些话，积极性会变高。

"付出的辛苦是有价值的"：努力和成绩得到认可的话，积极性会变高。

"很有精神啊"：自己的活力得到认可的话，积极性会变高。

"心情不错啊"：别人注意到自己的好心情的话，积极性会变高。

· さ行

"真不愧是你啊"：被赞扬的话，积极性会变高。

"很有耐心啊"：得到所长的认可的话，积极性会变高。

"真了不起"：实力受到赞扬的话，积极性会变高。

"会成功的"：未来得到保证的话，积极性会变高。

"诚如你所言"：得到赞同的话，积极性会变高。

· た行

"就靠你了哦"：自己的存在受到重视的话，积极性会变高。

"你让人很放心"：自己的稳重得到认可的话，积极性会变高。

"你很善解人意"：自己的灵活性得到认可的话，积极性会变高。

"干得漂亮"：技术得到好评的话，积极性会变高。

"非常好哦"：受到赞扬的话，积极性会变高。

· な行

"你什么都会啊"：能力得到赞扬的话，积极性会变高。

"你为人很包容"：人品得到较高肯定的话，积极性会变高。

"出类拔萃啊"：能力得到好评的话，积极性会变高。

"你在这里勤恳工作很多年呢"：毅力得到认可的话，积极性会变高。

"很有干劲啊"：别人注意到了自己的工作热情的话，积极性会变高。

·は行

"你很爽朗，让人感觉很舒服"：清晰明了的语言得到赞扬的话，积极性会变高。

"你非常有魅力"：人格得到肯定的话，积极性会变高。

"你是不可缺少的"：自己的存在得到重视的话，积极性会变高。

"你不服输呢"：自己的优点得到认可的话，积极性会变高。

"让人安心"：日常的行为得到好评的话，积极性会变高。

·ま行

"交给你了哦"：被信任的话，积极性会变高。

"非常完美"：成绩得到肯定的话，积极性会变高。

"没有多余动作，真利落"：技能得到认可的话，积极性会变高。

"你很善于观察啊"：自己的行动得到好评的话，积极性会变高。

"无可挑剔"：技术得到认可的话，积极性会变高。

·や行

"真能干"：实力得到认可的话，积极性会变高。

"很有追求啊"：人格得到好评的话，积极性会变高。

"做得不错啊"：日常的行为受到好评的话，积极性会变高。

·ら行

"期待你明年的表现"：未来得到期待的话，积极性会变高。

"节奏感很强"：富有节奏感的动作得到好评的话，积极性会变高。

"情绪高涨啊"：自己的热情得到肯定的话，积极性会变高。

"涉猎很广泛啊"：知识面得到肯定的话，积极性会变高。

"逻辑性很强啊"：思考问题的方式得到赞扬的话，积极性会变高。

·わ、ん行

"振奋人心啊"：成果得到认可的话，积极性会变高。

"嗯，很好啊"：受到赞扬的话，积极性会变高。

就像这样，语集中收集了很多能够调动员工积极性的话语。

实际上，这是以远藤功先生的话为契机，在员工们创意的基础上诞生的小册子。或许正是在现场积累了各种各样的经验，才懂得能调动积极性的话语的重要性。诚然，小小的一句话就有可能让一整天的工作都变得丰富多彩起来。我觉得随着情绪调动语的渗透，我们现场的氛围也一点一滴地发生了变化。

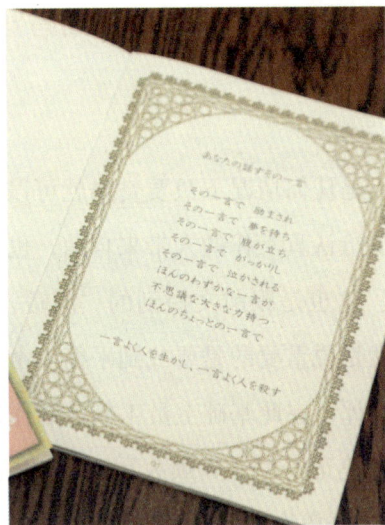

"情绪调动语集"和"情绪低落语集"

将"情绪低落语"转换成"情绪调动语"

不过，并不是任何情况下只要赞扬就可以，有的时候也需要严厉。为了给认真工作的人带来自信，也有必要严厉对待不干活的人。这也是跟前文提到的"温暖、严格、公平"相呼应的，也就是说重要的是要找到平衡。由于"情绪调动语集"受到了好评，在此基础上员工们又制作出了"情绪低落语集——魔鬼笔记"。"'真烦人'，人格被否定的话，情绪就会低落"，该语集收集了让人"情绪低落"的语言。

情绪低落语是对公司，也是对上司的一种挑战。为情绪调动语集的诞生制造契机的远藤功先生说："我未曾想到情绪低落语，比起情绪调动语，这个更重要吧。不管怎么说，在小事上能够迅速作出反应，并且想方设法创造出全新的事物，TESSEI 员工的执行力和创造力真令人惊叹。"

带有强烈否定色彩的情绪低落语，我们要尽可能地避免使用，但人是无法做到完全避免的。然而，正是因为这样，在被人说到让人情绪低落的话时，如何去看待它就变得非常重要。这里希望引起重视的是"重构（reframing）"，也就是"把我们在过去的结构体系中所理解的东西，通过全新的、另外的体系来分析和看待它"。

例如，当我们被人批评"你的动作真慢"的时候会感到沮丧，这是以往的理解方式。但是，如果对这句话进行重构的话，也就是往好的方向来看待它的话，就变成了"我对待工作很慎重"。我认为这种思考问题的方法在职场上非常重要，所以我们现在正在对员工实施以这种方式来思考问题的教育。

支持新干线剧场幕后工作人员的举措

对新干线进行车辆整修的田端服务中心的构造是细长的。从入口处前往办公室，要走过很长的走廊，在走廊两侧的墙上，密密麻麻地张贴了表彰员工们努力工作的照片、插图以及报道等，以激励大家每天认真工作。

员工每天都会经过走廊，路过的时候都可以对其进行确认。如果看到当中有写到自己的事迹的话，会很高兴吧。这可以说是员工们之间的一种相互款待。我们就是通过这种方式来鼓舞现场士气的。

与东京站那种和乘客直接接触，处于较为醒目位置的员工不同，在带有很浓的新干线剧场幕后色彩的田端工作，几乎照不到什么光环，尽管他们与东京站的员工一样要完成非常辛苦的作业。因此，像这种一同工作的伙伴之间的细微的关怀，能产生很好的效果。

在"没有报酬的工作"中找到快乐

TESSEI 的主要收入来源是车辆和车站的清扫。采用的是"一组〇日元""几平米〇日元"的计算方式，即根据清扫量来支付报酬。

因此，如果增加发车量的话，员工就会有相应的收入增加。而对乘客行礼，或者为乘客指路等服务，是不纳入收入的范畴的。

也就是说，我们带着为乘客"提供回忆"的目的在工作，但是从商业的角度来考虑的话，这是不能产生经济效益的。

但是，这对员工来说却是非常重要的事。为乘客提供服务，如果能收获诸如"谢谢"等微不足道的一句话，就能产生自我认同感和自信。

充满欢快气氛的东京站母婴休息室。

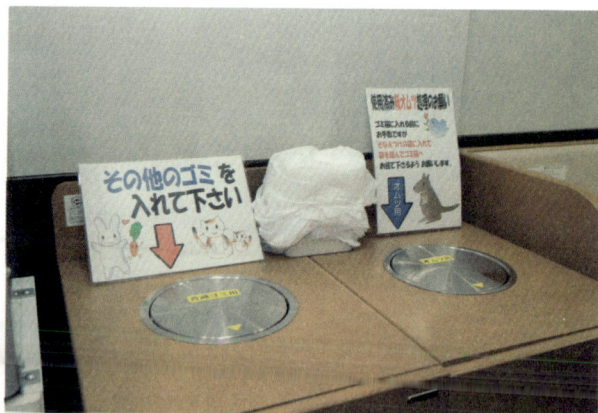

TESSEI 员工制作的装饰品，得到了乘客的好评。

就我而言，这只不过是"最终形成了这样的结果"而已，然而当我环顾四周时，却发现当今世界都在朝这个方向发展。

将"能否产生经济效益"作为衡量工作好坏的唯一标准的时代已经结束。既然是商业，尽量多地取得经济效益当然很重要，但在这个大前提下，"有助于他人""起到作用"等的思想意识也具有了非常重要的意义，这样的时代已经来临。

我认为这是在把握时代潮流的基础上不可忽视的要点。

劳动方的这种想法会转变成接受服务一方的感谢之情，并由此带出各种良性循环。现在以及未来时代的事业，都是在这种循环的基础上得以发展的。

正因为是现场的员工，才能够明白的事

从这个意义上来看，或许可以说 TESSEI 的员工们正实践着非常现代化的工作方式。当然，他们可能没有那样的自我意识，但现在显而易见的是，他们每一个人都很享受那样的工作状态。

因此，有的时候他们会带给企业只有女性员工才能想出来的创意。

其中的典型例子，就是与车站内洗手间毗邻的"母婴休息室"。顾名思义，这是为给婴儿喂奶、换尿布等提供的一个空间。

据说，这是因为以前就有很多带着孩子的乘客来询问员工们"我想给孩子喂奶，有没有什么场所可以喂奶呢"。

女性职员中的一大半都是有着育儿经验的，因此她们非常能够理解这样的情况。于是试着向 JR 申请，然后 JR 就建了这样的休息室。

翻看第 88 页可见，东京站的母婴休息室里到处是折纸手工等色彩绚丽的装饰物，充满了欢快的气氛，就像是幼儿园或者托儿所一样。要问为什么会变成那个样子，员工们回答"因为是我们拜托 JR 建的这个休息室"，所以他们就带头

布置了起来。

专栏　田端服务中心的员工们

与 JR 京浜东北线·上中里站毗邻的田端服务中心，是和栃木县的小山服务中心齐名的重要据点。一般情况下，每天要负责 36 趟列车的清扫工作，如果有临时加车情况的话，任务就更重了，同时还要承担除 7 分钟清扫之外的额外工作。

另外，清扫的方式分简易清扫（往东京去接乘客的车辆的清扫）和日常清扫（跑完行程的车辆的清扫），同时根据当天运行时刻表的情况以及一些突发状况，每一辆车的清扫时间也要机动地随之发生变化。

我向栗原先生（工作 17 年）、松崎女士（工作 16 年）、小泉先生（工作 14 年）、武田先生（工作 12 年）、馆野先生（工作 4 年半）这五位工作人员询问了一些问题。

——我觉得这是相当不容易的一份工作啊。

松崎女士：我认为进公司后的 1 ~ 3 个月是一个坎儿。调整好身体状况越过这道坎儿的话，那么后面就能坚持下去了。

但是，在如今的时代，能接收超过 40 岁的女性成为正式职员的单位非常少，轻易辞去工作的话我会后悔的。因此，我同时还抱有这样的心理，辞职的话就对不起给我介绍这份工作的人们，前辈能够做到的事情自己不可能做不到。

小泉先生：确实有这种"不甘示弱"的心理，而且，看到乘客，尤其是小孩子的笑脸，就会忘掉那份辛苦和艰难。

比如，在这田端服务中心，我们绝对不会把孩子遗忘或者丢失的物品扔掉。每一个物品应该都带有孩子们各自的回忆。因此，当他们找到自己寻找的东西，深深地对我们表达谢意的时候，我真的觉得非常开心，这样的情况实际上已经发生了好多次。正是因为这样，我在进行垃圾分类的时候，会产生"啊，这是不能丢弃的东西"这样的第六感。

· **"对新干线能正常运行感到自豪！"**

——这份工作最大的乐趣是什么？

栗原先生：还是成就感吧，能够引导晚辈往好的方向上发展，我们也很高兴。

小泉先生：我对"让新干线能够正常运行"这件事感到自信和自豪。在好不容易开通运行的新干线周围，有修缮高架线的人，有修理线路的人等，很多做着各自工作的人。清扫工作也是其中之一，我能感受到这份工作的价值。

武田先生：公司是由人组成的，所以要与人交往吧。因为有这样的想法，所以我希望大家都能一直在此工作。为此，"有点喜欢"这份工作这样的程度是不够的，希望大家能够"真的喜欢"这份工作。

馆野先生：为此我们要传承前辈们的工作热情，为能够应对今后不断发展的新干线而努力。

·"自然而然地说出'我去'！"

——东日本大地震的时候是什么样的状况？

小泉先生：那个时候已经不是能够继续出勤的状态了，但我还是想办法通过公交或者出租车来上班了。

武田先生：地震时我正好当值。正当我在工作的过程中，发生了剧烈晃动，当时就做好了不能回家的心理准备。让我惊讶的是，很多人花费两三个小时的时间，主动地来公司上班。这样的公司不多吧。

馆野先生：那个时候，我也刚好在双层新干线上做清扫。当时摇晃得很厉害，新干线像要倒下去一样。那天我是步行回家的，第二天电车都停运了，我想办法坐公交车来上班了。

松崎女士：重要的是要"确保人手"，因为我们必须要做好准备，确保新干线无论什么时候进站都能够发车。地震发生第二天，就有几趟新干线进站了，既然进站了就必须进行清扫，然后让其发车。但是从心情上来说，要做到跟平时一样是很难的。

在我老家仙台，也有朋友、亲人在地震中丧失了生命。不过，以地震为契机，我们相互之间的情感、大家的心意也变得相通了。

——那之后怎么样了？

松崎女士：仙台车辆基地不能使用了，员工们去了代替仙台业务的小山服务中心，大家连假期也不休息都来帮忙。不是强制的，但是大家都自然而地说"我去"，我感到非常高兴。

我是作为小山服务中心紧急清扫组的总管去上任的，JR 中也有很多人受灾了。所以，我们想"没有受到地震灾害的我们不上谁上！"工作强度超过了平时，非常辛苦，但是大家比平时更加团结一致地完成了清扫工作。回来时员工都非常疲惫，而且当时还有核辐射等错综复杂的情况。所以大家都非常地不安，但同时又有着"想方设法让新干线运行起来"的意志。

我们想着"东北的人们在努力着，所以我们也要加油"。

第 **4** 章

一切都由领导者定夺

经营者不是治疗"比目鱼症候群"的医生……

　　在这一章里，我将讲述作为领导者、经营者需要注意的事项。

　　前文讲到"TESSEI 公司以前口碑不太好"，然而在我进公司 15 年前的 TESSEI，是给清扫业界带来很大影响力的公司。

　　1991 年 6 月，原本只开通到上野站的东北·上越新干线开通到了东京站。负责东京站折返新干线的清扫工作的 TESSEI，为了在短时间内能完成新干线的清扫工作，而与 JR 东日本合作，这才形成了现在 TESSEI 各种体制的基础。

　　不仅如此，TESSEI 还组建了一支由兼职人员、打工的女大学生、自由职业者构成的名为"彗星俱乐部"的团队。这支"彗星俱乐部"是负责指定席（新干线座位分为指定席和自由席）的清扫工作和列车运行中的车厢内清扫工作的团队。为了抹去之前人们对清扫的印象，还穿上了崭新的制服，引起了社会的广泛关注。

　　那时国铁已实施民营化，在 JR 东日本集团工作的很多人都抱有远大的梦想，对未来充满希望地行动起来。不久，东北·上越新干线的东京站开始运营，这对于 TESSEI 的前辈来说，既是严峻的考验，同时也是充满激情、面对未来的挑战。

那之后过去了十余年，在我进入公司的时候，TESSEI 却变成了口碑不太好的公司。其原因是多方面的，但我认为主要是由于公司方过于追求清扫这一日常性的"工作（task）"，而忽略了能够提高员工工作积极性的，让大家充满活力地工作的原动力——"使命（mission）"。

这个时候的 TESSEI，需要的是能够给予其使命的领导者。

我们经常会听到在经营者或者管理者之间提到，要打破"比目鱼症候群"这样的话题。这个词是用来描述那些总是遵从上司说的话，而不会自主地采取行动的人们，他们就像比目鱼一样，眼睛只会一个劲地朝上方看。

我认为人的思想意识是不会轻易改变的。人类过着集团生活，是在组织和集体中生存的族群。换言之，"比目鱼症候群"就像是人类原本就带有的 DNA 一样。

人类这种生物总是会在意上级的意思，因此我认为最好不要有想要去改变它的这种离谱想法。因为这是不可能的（笑）。因为经营者不是为了治疗"比目鱼症候群"这一目标而存在的，而是为了让组织能够运行起来而存在的。

"大家都朝上看的话，位于上面的人就要动员大家，让其自主地行动起来……"

　　这就是我下决心要做的事情。

　　正如第 2 章中我曾说过的，大家不是处于下游清扫的大叔、大妈，而是支撑着新干线的技术人员"，就是其中一个手段。

决心 "不说NO"

在第 3 章中，我曾简单提及到了一点有关 "提高公司对员工提案的实现力度" 这个话题。

企业必须要让员工充满活力地工作，并且要做出成绩。因此毫不夸张地说，企业应该要全面把握员工的意愿和心理。

为了让员工充满活力地工作并做出成绩，有若干值得重视的要点，其中尤其需要注意的是，对员工们的提议和提案 "不要说 NO"。

曾有人在我说这句话的时候质疑："这做不到的吧？如果员工提出了很荒唐的建议，不说 NO 结果就不可收拾了吧。" 但是，我可以非常明确地断言 "那是不对的"。

为什么这么说呢？因为我们已经表明了我们的意志，就是在明确的自上而下的体系下，实现 "清爽、放心、温暖" 的服务宗旨。

通过自上而下的体系，我们和员工就拥有了共同的核心理念，所以我认为没有员工会提出远远偏离核心理念的 "很荒唐的建议"。诚然，为了让员工们能够理解公司的理念，我们也采用了一切方法。

不过，这只是理想的状态，现实当中也不是没有提出 "很荒唐的建议"的人。但既然公司是一个组织，那么可以说这是发展过程中不可避免的情况。

重要的是，这种现象发生以后该如何应对。如果像"那么离谱的事情，怎么可能做到"这样给予完全否定的话，员工就没有任何收获了。他们本人是出于好意而提出的建议，如果被否定的话热情就可能会因此而减退。

不去否定他们，而是说"原来如此，很有意思啊。能否实现我们不能保证，但我们可以一起考虑如何去实现"这样来进行反馈的话，就会营造出积极向上的氛围。如果在经过一定的思索，并尝试着付诸实践的基础上，发现还是难以实现的话，那就由公司方面提出替换方案就可以了。

能否在任何情况下都沉稳应对，就是企业优劣的分水岭，左右着企业的前途。因为不论什么时代，划时代的创意或者改革都诞生于被绝大多数人反对的"很荒唐的建议"。

因此，我希望员工们不断地带来"很荒唐的建议"。

"存在于纪律中的自由"是根本

诚如我一直以来所说的，TESSEI 的工作是在 7 分钟内，将由 16 节车厢组成的新干线彻底地打扫干净。那么，让我们再次来试想一下，这是如何做到的。坦率地说，原因有以下三点：

· 贯彻始终的纪律和指挥命令
· 绝妙的团队合作
· 价值、喜悦、自豪

而且，这三点当中最重要的是"贯彻始终的纪律和指挥命令"。如果这一条实施得不彻底的话，就不会产生团队合作和价值、自豪感。在第 3 章中也略带提到，TESSEI 看上去是一家很温情的公司，实际上却有着铁一般的纪律。正是因为这样，我们才能将工作做到完美。

以东京站为例，每个团队由 22 名成员组成，总共有 11 个团队。每个团队里面配有 1 名被称作业务总负责人的管理者，在其下面有主管，再往下有主管助理，然后是普通员工，这样形成了一个完全纵向结构的组织。总负责人的指挥命令是绝对的，所有的行动都要遵照他的指示来进行。这就是TESSEI 所采用的公司基本组织架构。

也就是说，员工是在不可动摇的控制系统当中行动的。既然是这样，就必须要有明确的指挥者，团队所有成员都必须听从指挥者的指令，来准确而迅速地行动。

总之，这一以实践完美操作为目的的指挥命令系统和管理体制，是 TESSEI 的根基。在规定的时间内，完成清扫，让乘客上车，尽量地给他们制造美好回忆，这是我们的工作。为了不动摇我们的工作基础，最重要的是要有扎实地落实根基部分的措施。

前文提到"不说 NO"很重要，这也是建立在指挥命令系统和管理体制的大前提下的。员工们必须在这一点的基础上，也就是说在规定的框架内，自由地去思考怎样招待乘客这件事。

带有编号的桌子。员工须坐在指定的位子上，以防止成员之间的信息传递出现偏差，出现阻碍员工之间互相沟通的情况。

在这样的背景下产生的就是稳固的团队合作。更进一步说，为了维护团队合作，"寒暄"是必不可少的。不过，这种寒暄不是为了体现"上下级关系"，而是为了确认同一团队的成员之间的伙伴关系。养成自然而然打招呼的习惯，可以培养互相尊重的精神，也可以进而提升对乘客的服务质量。

在 TESSEI，为了让团队成员之间能够自然地相互打招呼，我们还想出了让同一团队成员之间更容易产生共鸣的措施。比如：当天将要组成团队的成员会在进行车辆清扫之前去准备室，里面有椅子和桌子，谁坐在哪个位子上是根据当天的工作任务来定的，工作任务每天都会变（参照左页图）。

人类总是会选择与自己关系好的成员凑在一起，而如果照此发展下去就会形成类似于派系一样的群体。

其结果或许会造成关系不好的成员之间，疏忽了必要的信息传递的现象。

为了防止这种现象的发生，我们于是就给员工指定座位，让成员之间能够没有隔阂地进行交流。

不要把成为"信息沟通顺畅的公司"作为目标

经常听到"让我们建设信息沟通顺畅的公司吧"这样的说法。而且当人们用到这个说法的时候，绝大多数是将其当作目标来讲的。但是我所理解的"真正意义上的信息沟通顺畅"不是目的，而是手段。

如果将"信息沟通顺畅"当作目标的话，就会演变成公司的员工被催促"为了达到信息沟通顺畅的目的，大家快多提点意见"这样的结果。"因为是公司的方针，所以没有办法"，在不情愿的情况下提出的意见能称之为真正的意见吗？而且公司对待这样的意见，不用说肯定会忽视，甚至是否定它。

这样一来就没有任何意义了。

意见如果不是员工自发地提出来的话，就失去了意义。而且人会提出意见，是因为希望对方来倾听。所以，对于提出来的意见，公司必须要给出恰当的应对措施。因为，如果不能让对方感受到"他听取并采纳了我的意见"的话，以后意见就提不上来了。对待各种各样的提议，采取"不说 NO"的应对态度，其道理是与之相通的。

建设"信息沟通顺畅的公司"这件事，原本就该是"从现场出现的各种各样的课题中抽出一部分，由公司和员工一起来考虑其解决方法，并付诸实施，从中共享成就感"。

正是基于这个原因，我们在TESSEI把"明朗的职场""沟通顺畅的职场""大家都能畅所欲言的职场"这些都当成手段。但是从其他的角度来看，也可以说这样做是很严苛的。然而我一直从事着安全方面的工作，所以自然地就产生了这样的想法。

在电车的周围，有很多因素都能诱发事故，在感觉不对劲儿的时候，如果因为顾虑"说出来会被斥责"而疏于汇报的话，就会引发事故。为了防止这种情况的产生，我们的"不会斥责，不会责罚，有任何情况都请汇报"的态度就显得非常重要了。这就是风险管理的第一步，也是从事安全工作的人的考量。

"你不相信自己任命的人吗！"

在我刚进入 TESSEI 的时候，东京清扫中心有三名指导员。她们负责员工们的教育、培训工作。然而一问之下我才知道，她们的任务其实是"作为突然休假的员工的替补，根本谈不上从事教育指导工作"，她们也为此烦恼着。那样的话指导员这一职位就失去了意义。于是，我毅然地进行了制度的变革。将指导员人数从三人增加到六人，并让他们专门负责教育工作，休假员工的替补则采取从其他员工中进行紧急调配等方式，命令他们严格对待。而且我还训诫了所长以下的人，对没有不得已的理由而无故休假的员工一定要严肃处理。

总之，他们随意地将指导员当作替补，而忘却了管理者应有的严格，这绝对不允许。在其他的服务中心，我也相应地增设了指导员的人数，并作出了同样的指示。

在这个叫嚣着要削减成本的时代，或许没有公司会特意配备不参与清扫工作的员工。但是从那以后，她们很好地尽到了指导员的职责，在 TESSEI 的改革中发挥了很大的作用。

将我的想法一个个地传递给一线的员工，并协助我进行员工教育的指导员们，是他们创造出了今天的 TESSEI。另外，接受我的理念的主管们，也发挥了巨大的作用。主管确实是

TESSEI 的珍宝。

在这一变革的过程当中，员工开始变得能够积极地将自己的想法汇报上来。因此，要想很好地回应员工们的这些想法，全都由公司总部主导的话是力有未逮的。

于是，我考虑不以总部为主导，而改成以工作现场为主导。这其中的一个改革措施就是经费方面的变革。针对各种各样的改善方案，现场不用一一来向总部请示，申请改善经费，而是预先将资金交给各现场的所长，以期迅速地将员工的提案付诸实践。奖励工作努力的员工们的表彰资金也做了如此处理。

然而，刚开始的时候，这一改革还是遇到了一些困难。当我在经营会议上提议"为了鼓舞士气，将经费交给现场"的时候，遭到了强烈的反对。但是，激起我的斗志的是当时有人提出的一个意见："将资金提前交给他们，不知道他们会用来干什么。"

这只能证明他们不信任员工。我非常生气，坚决地提出了抗议："现场的负责人是谁任命的？那么不信任他们的话，就应该把他们换掉啊。"其结果是，我得到了大家的理解，并且从两年前开始得到了相应的预算。

目前，建立在对现场信任的基础上的预算保障，得到了更进一步发展，为了迅速地实施提交上来的提案，公司以"大家的策划"为名，预先将资金分配给了现场负责人。

顺带提一下，时至今日，我们的现场也不存在任何的不当使用。

"因为规模大所以做不到"都是借口

我们已转变了观念，在 TESSEI，总公司只承担人事、投资以及制度等方面的职责，而剩下的职权要逐渐地交给现场（目前还远远不够）。

我与前来参观学习的大企业负责人，聊到有关 TESSEI 举措的话题时，他们常常会有这样的反应："那是因为你们 TESSEI 是这样的小规模，所以能做得到。我们公司人数众多、结构复杂，因此那样大胆的改革是做不到的。"

这个时候我会这样反问道："即使你们有数万的职员，但他们全都待在一个地方吗？他们散布在各个分店、事务所等，这些地方中也有比 TESSEI 规模小的吧？"

我之所以这样问，是因为我觉得如果一开始就以"我们公司规模大"为借口去否定的话，那么该公司将永远不会有发展。

事实上，我们也拥有四个从属单位，也就是说相当于有四家公司。四家公司合起来才组成 TESSEI 这样一个团体。这样来考虑的话，就推翻了上面"因为规模大所以办不到"的理论，如果这一理论不成立，那么无论什么理由都说不通了。

我认为，如果总公司只是一个束缚现场的存在的话，那就有必要进行改善。而且，改革是企业最重要的行为。通过改革来取得成效，这样企业才能生存下去。

通过 TESSEI 的这些举措，我有自信、也敢于这样断言。事实上，有一些来参观学习的人，刚来的时候脸上流露出"不过就是一家清洁公司"的表情，但是临走的时候就沉默了，挺直身子说了声"谢谢"就回去了。我们与单纯做清扫的公司不一样，是 TESSEI 的认真程度把他们折服了吧。

话虽如此，但我们其实并没有做什么特别的事情。清扫工作，以及与之结合在一起的旅途回忆的制造，我们只是任其职、尽其责。不过，我觉得正是因为我们将这个"分内之事"做到了极致，才形成了说服力。

因为我深深地理解了这一点，所以作为管理者，我想要给"任其职、尽其责的人"以恰当的评价。

经营者就像广告界人士一样？

在 JR 工作的时期，我负责安全工作，因此除了安全投资以外还参与了各种宣传活动。其中的一个重要活动，就是防止道口事故发生的宣传活动。在那以前，我们也出台过各种预防道口事故的对策，但是仅靠 JR 自身的努力是不够的，我认为必须向在道口通行的各方人士进行宣传。

当时，我们制作了宣传预防事故的海报，还拍了电视广告。我们找的制作方——电通公司的人员问我："矢部先生，道口都装有摄像头，那里面有没有汽车冲破铁道栏杆的视频呢？"

"我估计有，你要用它来做什么？"

"要在电视上播出来。"

我吃了一惊，但是视频录像刚一播出，就引起了极大的社会反响。我想有很多人看到了大型自卸车冲过铁道栏杆的画面，到现在还有很多人记得那个广告。这个广告甚至还得了大奖。

那个时候，我忽然想到了。这些制作广告的人，吸引了原本对某件商品或事物不感兴趣的、非特定人群的注意力，让其警醒。而我迄今为止制订了各种规则，一味地呼吁人们

"一定要这么做""要这样做",这是错误的。我被他们迥异的做法震撼了。

"对,不能只呼吁大家要遵守规则,应该要用一切手段来震动人们的内心,我应该向广告界人士学习他们的想象力和做法",他们让我意识到了这一点。这也影响到了我现在的经营方式。

不能待在总部,高高在上地进行管理,而是要使用一切手段将我所构思的 TESSEI 的蓝图,将我的理念传递出去……

如果你在词典上查询"management"这个词,会发现其上罗列出了"管理""监督""管束"等词汇。我就想为什么会这样翻译这个词呢?

management 并非"管理",management 是指"运营组织、做出成就"的意思。而这些绝不是通过管理能够做到的。

用出乎意料的语言来诉说梦想，能够打动"人"心

平静的水面上，即使吹来如往常一样的风，也不会激起什么波澜。只有往水里投入巨石搅动水面，才能促成改变的第一步。只有这样做，才能让员工面向全新的时代。

"新的整体服务""创造清爽、放心、温暖的空间""回忆就是商品"等理念都是巨石。此外，为了实现这些目标，TESSEI又不断地推出了具体的措施，并付诸实施。我觉得这些目标一定能够实现，因为虽然员工对这些感到很吃惊，但都是触手可及的目标。

事后，员工跟我说："矢部先生你接二连三地说出些很荒唐的目标，大家都说你在吹牛。"听到这些话的时候，我还有一点失望呢（笑）。

但是，这其中也有很关键的要领。

哪怕被员工说是吹牛皮，但如果能够得以实现的话，就会变成理想。说起来，这些都是建立在"这种程度的事情能否做到呢"这一想法的基础上的，即"触手可及的牛皮"。

不过，在此之前员工们的想法从来没有得到过实现，因此对我说的话他们只能当成吹牛皮。所以，几年之后，当他们对我说"矢部先生会吹牛，但是你所说的真的做到了，好

厉害啊"的时候，我眼泪都快要流出来了。并且那时我真切感受到"牛皮只要得以实现，就变成了理想"。

回顾历史，这句话得到了充分的印证。例如，本田技术工业的创始人本田宗一郎先生曾因提出"我们要以变成世界的本田为目标"而被世人嘲笑，因为谁都认为这个目标无法实现。但事实上，后来本田真的成为了"世界的本田"，就再也没有人笑话他了。

就像这个故事告诉我们的那样，你如果有某个想法就说出来，只要将它实现了即可。

"新的整体服务""令人欢欣雀跃、怦然心动的新干线剧场""以技术和诚心来款待客人"等，这些都是年度经营计划的主题。

彗星主管的部署、制服的变更、冷气的配备，还有天使报告等的实施、将"维修组"更名为"技术服务组"、"清扫中心"更名为"服务中心"，等等。我自己都觉得自己做得不错。

然而，既然改革没有特效药，就要依靠第 5 章中即将谈到的"一流的执行力"，把所有能够想到的事情付诸实践。这就是我们的秘诀所在。

我是一个没有常性的人，新的事情刚开始不久我就会把它当成理所当然的，而失去了兴奋的感觉。

因此，我不断尝试新的挑战，给自己和员工们带来刺激。

同时，因为要经常鼓动员工，为此负责人必须要擅长演讲。

他们常常问我："做这么多员工们会不会混乱啊？"我回答："没关系的，虽然说了很多，但是这都是为了实现'清爽、放心、温暖'这个目标。"

因为我们的目标——"清爽、放心、温暖"是永远不会变的。

交流的目的是将自己的"温暖"传递给对方

作为领导者，和部下之间的交流是很重要的，这点自不必说。但是，很多时候我们却将交流的目的和手段混淆了。聚会、疗养、深度交流等，都是交流的手段。人类会通过各种各样的方式来进行交流。"孩子看着父母的背影成长"，像这种言传身教虽然不使用语言也是一种交流方式。

那么交流的目的是什么呢？从经营者和员工的角度来说，我认为目的在于，经营者要将"温暖"传递给员工。"关怀""款待"不仅是针对乘客们的，对待员工也应该以同样的角度来考虑。

我现在的头衔是"款待创造部长"。我认为这份工作的职责指的是"对员工的款待"。因为受到款待的现场员工才能为乘客提供真正的款待。

此外，要通过向员工传递"我一直关注着你"这样的温暖，来展现想要改变这个公司的"公司方面的诚意"，而向员工传递公司的诚意是非常重要的。

我这一路走来，得出了这样一个结论，那就是在这里工作的人们，追随的不是领导者职务或者部长的"头衔"，而追随的是这个"人"。

"在基层干三天就能认识领导，而在高层做三年却不认识下属"，这是有必要引起注意的一句话。

　　在 TESSEI 工作的人，有很多有着各种各样的人生阅历。我们不能光在口头上说说，而一定要实实在在地付诸行动。因为他们有着真正的看"人"的眼光……

比起同等地去培养十个人，不如培养一个能让另外九个人追随的人

考虑到 TESSEI 的工作性质，假如有十个成员的话，他们可以出相同的十份力。不过，无论如何也不能缺少的，其实只有一份力量。

那就是领导能力。不论什么集团都需要具备领导能力的人。因此，我们要找出这个人，让他担起领导责任。这样职场才能一下子释放光彩。

换言之，如果在十个人中能培养出一个领导的话，剩下的九个人自然会追随他。

不管在什么组织里，必定存在着不听指挥的人，有的性情乖僻，有的缺乏合作精神。然而，如果偏偏指定这样的人当领导的话，反而有很多能成长为不错的领导者。正是那些被其直属上司评价为"那样的家伙不行"的人，往往反而具备领导者的素质。

实际上这是非常重要的一点，也即是说在集团内部的"不听话"，很多时候恰恰证明了这个人"有自己的想法"。但是，他们没有得到过肯定和称赞，无法坦率地表达自己的想法，从而被贴上了"性情乖僻的家伙"这样的标签。然而

他们有底子，只要赋予其领导的职责，让其施展自己的想法的话，他们就能不断地成长起来。

组织的规模越大越喜欢任用"听话的人"。诚然，听话的人是必要的，但我认为不局限于条条框框的领导者的存在也是绝对必要的。不可以枪打出头鸟。在某个时期"KY（取自日语'空気が読めない'罗马音的首字母，意为不会看场合说话，不懂得揣度气氛）"这个词曾引起了热议，我们要禁止察言观色。即使与当时的气氛不相符，也要让其"自由地说出来"，我们要创造出该说就说的环境。我认为这一点非常重要。

而且，从根本上必须要做的是，营造出能让员工感受到"我一直在关注着你"的氛围。这样一来"让难以融入集体的人能够立足的环境"就产生了。

不过，要注意如果做过了头的话，有可能会滋生骄纵情绪。对于过分没有约束的人，有时候还是要提醒其注意的，从这个层面上来讲掌控好平衡很重要。

领导者必须要具备的素质是"真挚"和"认真"，要让人觉得"有诚意"。所以交流很重要，不仅仅要从语言，还要从目光、行为举止等各方面读懂对方的情绪。这样对方也会同等对待自己。如果让对方感受到"我常常关注你，为你着想，认可你"这样的态度的话，就能够激发他的工作热情。

我认为领导能力要具备以下几个要素。

· 非常了解自己的公司有哪些亟待解决的课题
· 并且能够想出解决这些课题的方法
· 而且具备说服大家、得到大家理解的能力
· 拥有能够与大家一起实施该对策的开放的心态
· 在解决课题以后，拥有与大家一起分享喜悦的能力

只是自己一个人有这个想法的话，就什么也做不到。要让大家跟你形成相同的意愿，一旦达成，比自己一个人完成的还要开心。这就是领导能力。

东日本大地震时期的应对措施，展现了组织的强大

2011 年 3 月 11 日，发生了东日本大地震，当时我正在东京服务中心的会议室里接受媒体的采访。因为觉得摇晃的程度不同寻常，所以立即中止了采访。我立刻奔向位于八重洲的公司总部。

首先，我做的是盒饭和毛毯的筹备工作。然后，对已有的简易厕所和饼干等的储备，进行预估和补给。

之所以立刻行动了起来，是因为我觉得肯定会出现很多回不了家的人。在 JR 工作的年代，我经历了包括地震在内的各种安全问题，所以能够迅速地作出部署。

这些姑且不论，在那次地震当中，我切实地重新感受到了 TESSEI 作为一个组织的强大力量和能够根据自己的判断采取行动的员工们的伟大。

仙台市的车辆基地受灾了，地震发生后第四天，新干线从那须盐原市折返，大概有一周左右的时间无法进行全面清扫。也就是说，能够进行清扫的只有小山服务中心。于是，小山的员工承担了仙台车辆基地的全面清扫工作。为了让车辆在那须盐原能够折返，还紧急负担起了那里的清扫工作。

那须盐原站折返车辆的运行工作，当初是由别的清洁公

司承包的，他们叫苦道"已经干不了了"。于是，接替这份工作的 TESSEI 每天要从东京、上野和田端抽调 40 名员工派遣过去。员工们坐新干线在小山和那须盐原之间往返，派过去的人数总计达到了 200 人。

当时，时不时地会有余震，还有核辐射的问题，所以员工们看上去也很不安。一开始派遣员工的时候，我也一同前往，发现车站的候车室情况非常糟糕。即使这样，大家还是努力为折返的车辆进行清扫。而且上越·长野的新干线也在运营，也必须要保证人员的配备。真的是非常艰苦，但是大家都很努力，结果用 49 天完成了修复工作。

我觉得大家真的做得非常好。我对他们说："如果家里发生了房子倒塌等情况，就不要管工作了，优先考虑家里。"然而，还是有人骑着自行车，花五个小时来上班。是使命感驱使他们这么去做的吧，非常感谢大家。

至今难忘的一句话是"想要做正确的事就要往上爬"

我高中毕业后，就立刻进入了国铁，作为铁路人工作了40年。在工作中我感受到的是，铁路是上意下达和按章办事的组织。若非如此的话，就首都圈一天1400万的乘客而言，我们就无法满足乘客的需求。也就是说在铁路的世界里，常常是边学习"现在该做什么"边进行工作的，也有上司会说"我们是吃皇粮的，只要把自己的工作做好就行了"。看到这样的情形，很多时候我觉得"这是不对的"。反过来说，正是因为一直持有这样的观点，才有了现在的我。

因此，我在JR的时候，常常对年轻人这样说："你们觉得组织这个东西是不正常的吧，我也是这么认为的。但是，刚开始的时候不要抱怨。一开始就抱怨的话只会被训斥。所以，为了能够指出不对的地方，做正确的事，你们就要往上爬。等到升到较高的职位，再去实践自己的想法就可以了。不过，等升到较高的职位后，有的人会忘记自己的初衷，你们千万不要忘记自己现在的想法。"

我也是这样去做的。

总而言之，正因为有了年轻时的不甘心，才成就了现在的我。因为有了过去的经历，即使我当上了运输科长、指令部长、运输部长、立川站站长，也绝对不会用高高在上的姿态对部下说"这样去做！"举个例子，在我当立川站站长的时候，我一直和大家一起在现场巡视，和他们一起讨论问题等。我不是为了面上好看，是因为一路走来的不甘之情，让我明白与部下加深关系、增进情感的重要性。

我常常提醒自己要注意"自己以前所经历的'不对'的事，绝对不要也对别人去做"。因此，不管是多么小的一件事，哪怕是在酒席上趁酒兴应承下来的事，我也一定会遵守约定。因为如果别人对我没有遵守约定，我也会觉得不愉快的。

诚然，也不是员工所有的要求都能够满足，尝试后如果做不到的话，也必须告知他们。彼时只要真心诚意地说"对不起，没能做到"就好，以诚待之，一定能得到他们的谅解。

因而，对于员工们每天不断提出的希望，我都竭尽全力地去应对。结果，有的时候也会出现这样的情况，员工对我说"啊？你真的做了！？你能听我说说，我就已经很满足了，其实不用真的去做呀"（笑）。确实，或许有不少人，尤其是女性会带有"只要能听我说说就好了"的想法。但是我还是认为"能做得到的事就要做到底"。

我深切地感受到真诚面对他人的重要性。给大家讲一个我在担任立川站站长时期的失败案例。在与车站的员工们探讨解决各种课题的时候，我给某位主管布置了作业。这位主管某天来站长室找我，说道："站长，作业我做好了，请您过目。"

当时我在外面有一个会议要参加，于是说了句"谢谢，放在那张桌子上吧，我明天看"，就匆匆忙忙地出门了。后来在聚会的时候，那位主管跟我抗议："站长，我是拼命努力完成的作业，我觉得你不应该以那样的态度对待我。"

微不足道的言行举止就能伤害到别人的情感。我至今仍在反省，觉得对不起那位非常努力的主管。

充分悲观地思考，乐观地决断

我这个人看上去好像很随性、乐观……其实不然，虽然乐观确实也很重要，但是不能因此认为我是很乐观的。在对工作深思熟虑的时候，或者必须要做决断的时候，有一点非常重要，绝不能遗忘。

那就是"pessimist（悲观主义者）的决断"。

与安全问题打交道的人，不管在什么时候都要考虑到最坏的情况，必须常常当一个悲观主义者。你不知道这个世界上会发生什么，尤其是如前文所述的，铁路的世界更是如此。不用说，在车辆清扫的世界也是如此。

而且，不管发生什么，如果不能冷静地、客观地判断的话，乘客自不必说，还会给员工们造成困扰。不仅如此，还很有可能会让他们陷入险境。这就是所谓的"现场"。

但是，绝对要避免那种情况发生，或者说不能有那种情况产生。因此，悲观主义有着很重大的意义。

必须要在极端的悲观当中，思考、思考、再思考，然后对各种各样可能发生的状况进行预估。

因此，连"一般情况下，这种事情发生的概率只有几万分之一"这样概率很低的情况，也必须要彻底考虑到。不管概率高低，只要预计有 1% 的可能性，那就是非常危险的。所以，有必要在"或许会发生这种情况"的极端的悲观主义基础上，来考虑各种对策。

话虽如此，但难以把握的是，安全工作中还存在"考虑过度就无法开展工作"的一面。例如，要是考虑到被从天而降的陨石砸到头的概率的话，那就没有办法应对了。也就是说，不是去烦恼几乎不可能发生的事，而是必须预计到"在这世间的常识中，有可能发生的最坏的事态"。要对其进行辨别就要把握好平衡，从考虑到某种事态到作出决断，是一个很纠结的过程。

不过，将能考虑到的情况都考虑到了，一旦到了要下决断的时候，就必须要像 optimist（乐观主义者）那样果断地决定。如果从头至尾都只是悲观主义者的话，那么大家都谨小慎微，最终谁都无法下决断了。因此这个时候就需要有领导力的人。正是在这样的情况下，领导者要发挥领导能力，给大家指明道路。

虽然嘴上说得很了不起（笑），其实包括我自己在内，很多时候都会产生"这个决定对不对呢？"这样的不安情绪。若真的有不带任何不安情绪前进的人，那样的人与其说是稀有，不如说是言过其实了吧。站在决策者立场的人，大家多少都会有些不安的。

　　但是，经常有需要做决断的时候，不论多么不安，遇到了什么样的问题，很多时候时间都会帮你解决的。

　　当然，这是建立在当机立断的大前提下的。

正因居安，才应思危

JR 东日本集团，拥有包括 TESSEI 在内的 11 家清洁公司。而在这其中，TESSEI 得到了相应的好评。现如今，比如在制造新车辆的时候，还会有人来找我们商量"想听听对现场十分了解的 TESSEI 的意见"。JR 东日本的富田哲郎社长和清野智前社长（现任会长）还给我们发了感谢信，表扬我们"带动了 JR 东日本集团的发展"，我们非常感动。

不过同时，正是因为得到了不差的评价，我们更不可以忘却一件重要的事。那就是虽然我们登上了各种媒体的报道，虽然我们在业界比较引人瞩目，但我们还是拥有七十余家公司的 JR 东日本集团的一员，这是毫无疑问的事实。

绝对不能骄傲，绝对不可以自大。这一点绝不能忘记。

如果我们因此而变得傲慢，那么其结果就是否定了我们一直以来所从事的工作。

专栏　东日本大地震的时候，栃木县的小山服务中心

　　·小山服务中心运用技术科 负责人 斋藤喜久江女士的证言

　　那天，我夜班下班以后就回家睡觉了。下午起床以后正在看电视，忽然感觉到了前所未有的摇晃。刚开始的时候我查看了一下家里的情况，然后摇晃越来越剧烈。为了随时能逃离出去，我打开了玄关。刚一打开，就看到鞋柜的鞋子吧嗒吧嗒地往下掉，我想"这不是一般的地震"，于是只带了钱包和车钥匙跑出去了。在车里收听广播，才意识到事态很严重……于是我姑且在便利店买了些食品，给去上班的孩子们留了便条，然后提前出门上班去了。

　　让我感到震惊的是，除了一位员工因道路塌陷不能前来以外，全体工作人员都来公司上班了。虽然大家看上去很不安，但是在那种状况下他们仍然觉得"必须要去公司"，对他们的到来我非常感动。不管有没有工作要做，第二天大家又都来了，他们对待工作是如此认真。

　　设备的自备电源无法长时间使用，也没有暖气，非常寒冷。大家围着应急用的火炉取暖。员工们半夜 12 点回去了，我和几位工作人员一直到第二天下午 2 点左右，确认了情况以后才回去的。然而没有交通灯，道口禁止横穿，平常 10 分钟的路程，花了 30 分钟左右。

·小山服务中心运用技术科 主管 松本富美江女士的证言

那天我刚好休假。上午约了医生上门给母亲看病，原本打算就诊结束后将母亲托付给日间护工，而我则打算出门去往茨城县的那珂凑。然而，母亲查出患上了肺炎，下午要住院，因此我改变了原定计划。将母亲送入医院病房以后，我到楼下的小卖部买些备用物品，在那个时候感觉开始摇晃起来。（原本我准备去的）那珂凑位于临海的地方，如果照原计划前往的话，我或许就遇险了。从这个意义上说，我因母亲住院而得救了。

但是，直到听到车里的广播，我才知道到底发生了什么。半夜两点左右才来了电，在之前又冷又黑，也没有手电，只能靠佛龛上的蜡烛来照明。第二天我原本也是休假，虽然来电了但手机和家里的电话都不通，整整两天与外界断了联系。

斋藤女士：小山服务中心承担运营结束以后的新干线清扫工作，地震发生后的两天新干线也停运了，没有车辆进服务中心。从第 3 天开始有两三辆进来了，那时第一次亲眼看到了车厢的状况。情况尤其糟糕的是洗手间。由于停电没法冲洗，电恢复以后也满是污物无法冲掉，于是我们戴上三层橡胶手套，将手伸进去一点点地疏通。想到不得不使用这样的洗手间的乘客们的情形，我们不由觉得"客人们真是受苦了"。

松本女士：其中印象较深的是，座位上的扶手有好几处都坏了，我吃了一惊。我们只能由这些来推测当时车厢内的乘客的情况，不由得同情他们"真是可怜"。发生了地震，被关在车厢内好几个小时，光想象一下就觉得非常难受。

斋藤女士：开始全面清扫以后，仙台车辆基地的同仁们也来了。他们一边说着"家人还没找到""同伴下落不明"等，一边认真地打扫着。我觉得他们真了不起。在听到有人说"一星期没有洗澡了"的时候，心情也很复杂。

松本女士：还有让我印象深刻的是，东京（服务中心）的人来支援时的情形。我们边商量边完成了在那须盐原站折返车辆的首次清扫工作，我觉得非常了不起。他们不仅仅因为这是工作才去做的，如果他们没有想要帮助我们的意愿是做不到的。

斋藤女士：还有那须盐原站的同仁们，代替同行的其他公司，接手了他们觉得"已经没办法了"而抛下的工作。考虑到从东京来支援的同仁们回去的时间，只有最后的一班车次无论如何也无法在东京进行清扫。于是找那须盐原站的同仁们商量，请求他们帮忙。那须盐原站的同仁们边商议着该如何做边行动了起来。我是在小山工作的，最后一天我去那须盐原站看了一下，他们的动作非常干净利索，他们的工作态度真的非常了不起。

松本女士：提到那须，他们也有家里受灾的员工。然而，小山震得非常厉害，如果荧光灯破了，或者屋顶的螺丝掉下来了的话，就非常危险了。在车辆进站以前还有时间，所以除去一般的清扫工作，他们还要做现场的其他打扫工作。

斋藤女士：通常情况下，有些地方是不需要戴头盔的。但地震发生以后，公司规定从办公室出来的所有人员必须佩戴头盔。有松掉的螺丝会从上方坠落的危险，而且大地震过去一个月以后，又发生了一次很强的余震。

松本女士：余震持续了一年时间，所以大家都很敏感。稍微有点摇晃就会想"又震了吗？"所以要经常向大家宣传避难的方法。

斋藤女士：比如"在车厢内的时候，即使发生了地震，但车辆是安全的，所以应暂且坐在座位与座位之间看看情况"，"如果在连廊上的话，就躲避到服务连廊的下方"等，不仅仅是地震的时候，在台风等非常时期也应如此。如果车辆不进站的话，我们就无法工作，在台风等灾害来的时候，有时一天只有约三趟车进站。

松本女士：在得到通知之前，我们会一直在值班室待命。然而，有时候直到列车即将进站，我们都不清楚到底有几班车。列车晚点的话，就必须缩短作业时间，因此非常时期也是非常辛苦的。

第 5 章

公司是二流的，但唯有执行力要做到一流

不能成为一流的公司也不要紧

在某个时期，我曾有过这样的想法：

"TESSEI 到底能不能成为一流的公司呢？"

并且，我还为此征求了现场员工们的意见。他们是这样回答我的：

"我们公司是成不了一流公司的。所谓的一流公司，是指能够上市，收益也高，而且里面全是优秀的职员。另外还要有稳固的传统传承。但是矢部先生，TESSEI 不是这样的吧。我们做不到的。"

从某种意义上来说，这真是非常干脆的回答呢（笑）。而且，我也觉得或许确实如他们所说。我们是现场主导型的公司，整体而言，工作内容也很不起眼，虽说经常被媒体报道，但工作性质并不是特别高端。

然而，与此同时我是这么考虑的：

"或许我们成不了世人所认为的那种一流的公司。我们的战略也好，战术也罢，或许都是二流，甚至是三流的。但是，相对的我们的执行力要成为一流的。"

这个想法源自于安全工作领域的，"比起马马虎虎地执行一流的战略，不如踏踏实实地执行二流、三流的战略来得更有效"这一理念。或许可以说，正是由于我长年来从事安全工作，所以我对这个理念非常执着。

那么，要如何把这样的理念传达给员工们呢？

首先，要跟他们说"试着去做吧"。我认为赋予他们一定的职责，让他们去尝试是最重要的。而且，在他们取得哪怕是一点点成绩的时候，要从心底里赞扬他们"好厉害，做得非常棒"，这很重要。

这样一来，得到赞扬的人就能切实地感受到"原来是这样啊，矢部先生的要求是这样的啊"。不是对他们讲道理，而是通过更深层次的交流，让他们获得更为直观的感受，从而变得能够理解我的想法。

再者，上文中的"矢部先生"也可以直接置换成"上司"或者"公司"灵活应用。

要经常肯定、提高员工的"执行力"

　　不仅如此，还要将员工们取得的每一个成果，刊登到公司内部的报刊上去，要注意积极地创造机会，尽量让更多的人知晓他们取得的成绩。前文反复提到的天使报告等活动，正是以此为目的而开展的。

　　要根据员工的"执行力"来推行各种各样的改善措施，以推进公司的加速发展。为了实现这一目标，严禁只对员工发号施令"去做"，事后却对其漠不关心的做法。不管在多么细小的方面，都要关注员工的努力，不断给予肯定并且进行反馈。

　　有人会满不在乎地说："我觉得这太难了，我们公司是怎么也做不到的。"我认为这毫无道理可言。经营者是为了什么而存在的？你所理解的经营者最大的职责是什么？虽然是别的公司的事，但我还是有些担心。

　　不管怎么说，得到赞扬没有人会不高兴。事实上，在不断地得到肯定的过程中，很多人开始变得自然且积极地工作。

　　顺带提一下，在我提出"在执行力上，我们要做到一流"的时候，员工们刚开始的反应是"他说什么呢？"但是，时至今日已经没有人这样认为了。因为大家都看得很清楚，

TESSEI 已经渐渐地具备了一流的执行力。

TESSEI 得到了世人的好评、注目和认可。

这令每个人自豪，我觉得也正是因此 TESSEI 才能收获这样的果实。

最初不知道会变成什么样的 TESSEI，托大家的福，历经八年的岁月取得了一定的成功（当然这只是"过程"，今后我们还要不断地努力和挑战）。

不过，可以很明确地说，如果把这些叫作成功的话，那我们能够发展到这一步的最大理由就是"大家的努力"和"不放弃的坚持"。

如前文所述，激起大家干劲的是，在起点取得的小小成功。然后让这小小的成功一点一点地膨胀，这样才有了最终的成功。没有这踏实的每一步，就不可能实现最初所承诺的巨大成功。

另外，我认为还有一点很重要，那就是要弄清楚乘客的真实想法和需求。比如说得极端一点，乘客不会要求我们"把卫生搞好点"，也没有人会口头提出这一点吧。

你知道为什么吗？因为对于乘客来说，彻底的清扫、整洁的环境都是"理所应当要有的"。这绝不是乘客任性的要求。只要站在乘客的立场上思考一下，马上就能明白，干净整洁是理所应当的事，而脏乱是"不应当发生的事"。因此，如果环境脏乱的话，乘客感到"不快"是极其自然的事。

　　说到乘客的想法和需求，我们也必须要注意除了打扫以外的其他需求。对于我们来说，东京站只是我们每天都能看到的东京站。而在乘客当中，会有很多因第一次来而产生诸如"山手线该如何乘坐呢？""想坐中央线前往三鹰，不知道该怎么去"等问题的人。如果我们只以自己的常识为标准来衡量的话，就无法察觉到乘客们的需求。

将员工建议——付诸实践

因此，为了更好地满足乘客的需求，最开始我组建了彗星主管团队。这一举措获得了预期（或者说超出预期）的反响，因而大家觉得"就这么结束了的话太可惜了"，然后就想出各种措施，并不断地付诸实践。

"下次大家试试鞠个躬怎么样？"

"想把制服也变得时尚一点。"

"夏天穿上夏季和服的话，看上去给人清凉的感觉，这样不错吧？"

就这样，大家以对话的形式一起提出建议，然后逐一地去实现，并由此扩散到各个层面。然后这些举措会再产生反响，这些反响会给员工带来自信，进而再衍生出新的创意。

至此，很明显地就形成了一个良性循环，也可以说，每实现一个建议，工作就会上一个台阶，接下来再产生某个想法，再上一个台阶……大家边想着"这个尝试顺利实现了。太棒了！"边又踏出了新的一步，一步一步地发展到了现在。

如果能够一举登顶当然轻松，显得也很厉害，但是通向成功的阶梯只能一步步地往上爬。

而且挑战一旦停顿，就会开始倒退。即使没有倒退，也应该尚有可以改变的余地。正因坚信这一点，我们才能不断地取得进步。

原国铁技师长、新干线之父——已故的岛秀雄先生，曾这样说过："不能因过于期待未来而疏于对现状的改善（对未来有期望是重要的。但是，不能疏忽了对现状进行一步步地改善。因为我们不可忘却，那是踏踏实实迈向未来的一步）。"

这是作为铁路技师的我不可遗忘的箴言。

员工和乘客一起创造的新干线剧场

近来，越来越多的人说"是矢部先生在短时间内改变了员工们的思想意识"。虽然对此我非常感激，但是这种说法对员工们很失礼。因此，这种情况下我必定会如此进行回答：

"谁能让人的思想意识在七八年时间里就发生很大的转变呢？员工们原木就觉得应该这样去做，或者他们原本就带有各种各样的想法，只是一直受到了压抑而已。总公司不了解这些，也不想去关注这些。而如今员工们生气勃勃地工作的样子，就是他们或者她们原本的真实状态吧？不是员工发生了转变，而是管理层变了，是总公司变了。"

世上有实现了伟大的发明或者变革的人。但是，这些伟业的完成依靠的不仅仅是这样的天才。一件很棒的商品之所以能够完成，其背后既有负责设计、制作的人，也离不开包装成品、将商品送抵市场或者顾客手中的人。

"一个组织对成功的挑战，不是由一个天才来达成的，而是靠组织的整合，也就是说，是由该组织内部每一个人的努力和工作积累来达成的。"我认为正是这个道理。对那些支撑着伟业的人们，以"无名英雄"一言概之，总觉得有些悲哀。

TESSEI 对成功的挑战，也是凭借着每一名员工的努力才逐渐得到社会关注的。虽然我对大家如此抬举我表示感激，但是对世人普遍欠缺这样的观念，我也感到非常遗憾。

把合同工和兼职人员只看成是企业齿轮上的一个部件，不需要的时候就舍弃他们，这样的想法是很可悲的。要珍视这些支撑着组织向成功发起挑战的人们，这就是 TESSEI 的根本观念。

前文提到 TESSEI 的工作属于服务业，其商品定义为"回忆"，孕育出这一观点的是人，是 TESSEI 的员工们。

让这些员工带着价值感去工作，是我在这八年间所做的所有工作的目标。用世人普遍的说法就是实现员工满足感，可以说这个员工满足感会衍生成顾客的满足感。

这次，TESSEI 在由经济产业省主办的"款待经营企业"评选中当选，与一同当选的其他企业进行交流后，我发现所有的企业都很重视这个员工满足感。我为我们迄今所做的努力是正确的而感到非常满足。

不过，TESSEI 与其他当选的企业有着些许的差别，那就是 TESSEI 将乘客的满足感和员工的满足感当作同一个事物来看待。直到去年为止，公司的目标都展现为"Enjoy with TESSEI"，意思是"乘客和员工都通过 TESSEI 来收获快乐"。

不是"把乘客当作上帝"，而是让乘客和员工一起来完成服务和款待。这就是"新干线剧场"。这个名称不是公司方面想出来的，而是员工们命名的。新干线是"乘客和我们共有的舞台"，乘客是主演，员工则是助演，是配角。

人生的成败取决于击球次数

在接受采访的时候，我时不时会被问及"迄今为止你经历过怎样的失败呢？""你是如何战胜失败的呢？"之类的问题。

或许这样说有些傲慢，我不怎么记得失败时候的情形了。之所以这么说，是因为我来到 TESSEI 的时候，TESSEI 的口碑就不太好。

因此，从结果上来说我利用了这一点。也就是说，因为口碑一直不好，所以哪怕稍有些失败，我心里也会想"这样啊，这也是常有的事"，从而继续果断地前进。我并非是有意识去做的，或许可以说在无意之间，我做到了人们常说的"将不利因素转化为有利条件"。

我认为人生要快乐地度过。

将人的一生简单地以 1 天来计算的话，则人在 1 天的 24小时内，有 1/3 用来睡觉。而如果 1 天工作 8 小时的话，那么将上下班时间算在内，1 天中 2/3 以上的时间都花在了工作上。因此，如果这个时间过得很无聊，或者很痛苦的话，人生会很悲惨吧。

因此，我想要说的是"如何将工作的时间变得快乐起来"。考虑到这一点并将其付诸实践，是非常重要的。

"那样做不行。办不到。不可以。"像这样去否定是最简单的。但是，这样一来别说是无法进步，甚至可能会倒退。

也就是说，不应该去否定，而应该抱着"试试看吧"的心态，我也很重视这样的想法。

总之，要有这样的观念：不断地尝试去挑战，结果哪怕失败了也没什么。

人生的成败取决于击球的次数（棒球），而不是安打率。我们只需要带着五次当中只要有一次成功即可的决心，不断地进行挑战就好。

成果主义已然成为当今世界的主流，想要坚持一件事情变得很难。诚然，没有成果什么也做不成，因此我并不是要否定成果主义本身。

只不过，为了能够做出成果，还需要毅力、韧劲等诸多因素。因此要想方设法不断地做出成果。要做到这一点，我认为最重要的是，即使失败了也要反复地挑战。

绝不甘于现状，不断推出新举措

此外，对待任何事都不能想着"只能这样了"，这也很重要。因为那样做只不过是去片面地断定而已。而且，一旦产生这样的想法，就会减少很多的可能性。我们应该相信，拓展可能性将直接关系到所有企业活动的成功与否。

TESSEI 也是如此。

组建彗星主管是小小的成功。

天使报告也是小小的成功。

绝不拒绝在媒体上露脸，让媒体将我们写成各种报道，这也是一种尝试。

也就是说，重要的是要尽可能在所有事情上不断地进行尝试和挑战。而就结果而言，这些举措全部都收到了良好的效果。

要用尽一切办法，"试试这个，还有这个方式呢"这样不断前行。并且要让自己坚信，"包括失败在内，一切尝试都会带来成功"。从某种意义上说这可能是笨办法，但是这个笨拙的办法在不久后就会结出果实。

经过了八年的岁月，最终我也开始坚信这一点了。

不要改变坚持至今的做法

我们 TESSEI 所提供的最大的服务，就东京而言，就是"哪怕快 10 秒也好 20 秒也好，都要尽快且完美地完成工作，让旅客们上车"，并且"承担着让新干线按时运行的重大职责"。

为此，我们非常重视"纪律"，向员工彻底贯彻着纪律。另外，我们提供服务的基础是安全。

在 TESSEI，我们开展了"safety call 运动"。其契机是平成十八年（2006 年）发生的一起坠落事故。一位女性乘客从服务连廊（位于车辆基地的，用于检查、维修的月台）的楼梯上滚落下来，导致蛛网膜下腔出血。

作为专门从事安全工作的我来说，对于这一事故感到很受打击。那以后，我们让 JR 东日本配备了防止坠落的栅栏，同时面向员工展开了"对于不安全的行为，大家要给予提醒"的 safety call 运动。

"每一个人都要遵守纪律"是极其重要的事情。但是，即使我们一直强调这一点，还是发生了事故。所以，应让大家一起互相协助来共同遵守纪律。

这一运动开始以后，每年发生的受伤及失误事件，从大约 18 起减少到了 5 起。当然不仅仅是这一项运动，我们同时还配合采取了"防患于未然 & 防范对策""safety·small meeting"之类的防治措施。再加上 TESSEI 的各种措施开始受到了世人的关注，这也对减少受伤、失误等情况的发生，起到了很好的效果。

然而即便如此，还是会有受伤、失误情况的发生。我们要尽可能地将其概率降低到接近于零。我对至今为止所采取的措施有自信，并将继续切实地执行下去。

八年来不断挑战的我，更加深刻地感受到"总公司什么都不知道"这一点。我想今后在这一点上也不会有本质的变化吧。

这是公司这一组织在本质上就带有的课题，为了克服这一课题，我们也必须要重视工作在一线的员工们的智慧、技巧以及执行力。今后还必须更多地在具体行动上体现这个理念，要将它作为 TESSEI 的强项一直坚持下去。

但这绝对不是放任，或置之不理。总公司应该时刻把握工作第一线的情况。但是，不能只是等待下面的"汇报"。

在 TESSEI，我们领导层有着了解一线情况的各种方法。除了前面讲到的天使报告、防患于未然 & 防范对策之外，还有 safety·small·meeting 等手段。我们会从中读取、掌握现场的信息。

我将我的经历分享给大家，有人会说"发展到这一程度，得花八年时间啊"，然而这也是见仁见智吧。反过来讲，也可以说只需花八年时间就一定会有所转变。

因此，不要只用一年或者两年时间就下结论说行不通。计划往往会在出现倦怠感的第一或者第二年遭遇挫折。实际上要持续五年的五年计划可以说等同虚设。

然而，坚持就是力量，所谓"执行"就是要做到最后。也就是说，TESSEI 一直坚守着这一根本。从让员工体验到小小的成功开始，然后让其不断地膨胀发展。如果说有什么成功的秘诀的话，我认为就在于此。

第6章

自豪感、价值感让工作的人们熠熠生辉

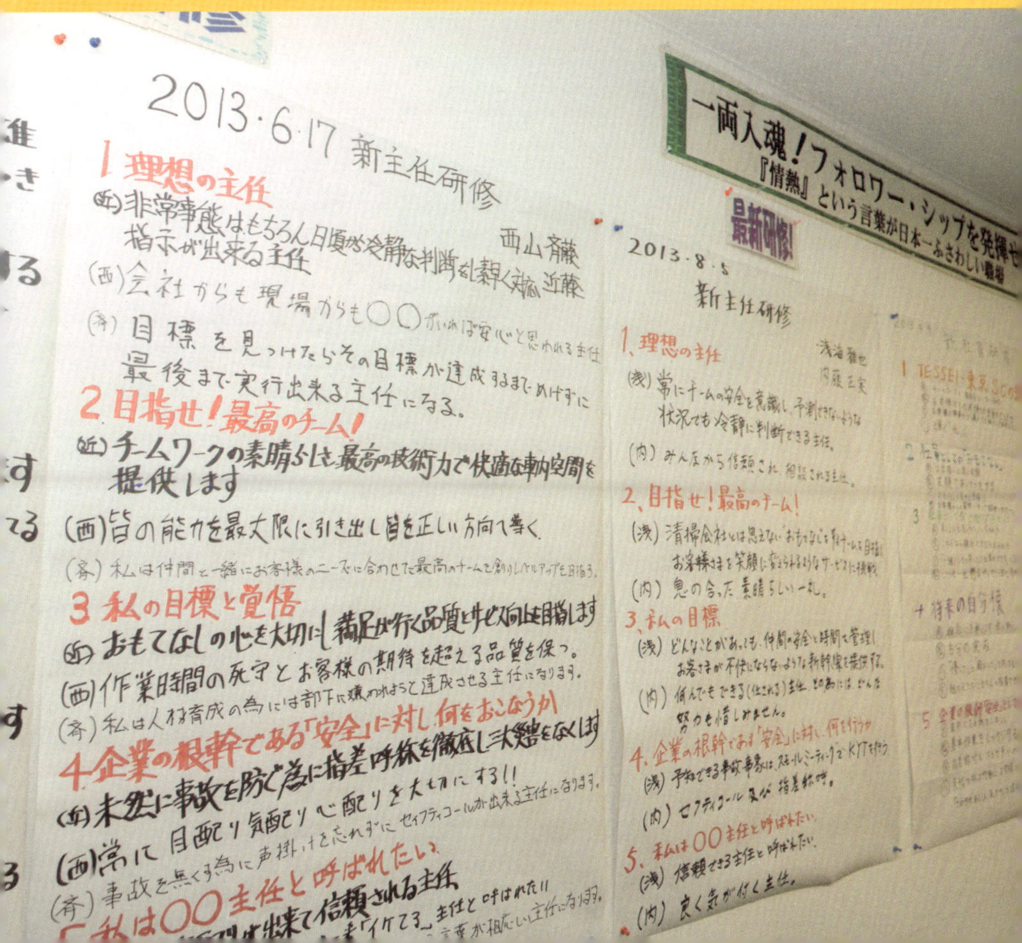

培养出头鸟

在最后一章中，我想来谈一下"自豪感"。

在第4章中，我也曾讲述到"只要赋予领导者以相应的责任，让其施展自己的抱负，他们就会不断地成长"。人比起一味地按照上级的命令行事，自己思考并付诸实施要更容易获得充实感。

而且，就结果来看，充实感会带来自信，从而对工作产生自豪感。何况TESSEI的工作，是一个个的手头作业，这方面的表现就更为强烈。因为这份工作依靠理论或者漂亮话是搞不定的。

举个典型的例子，这是与第5章中讲到的"safety call"——安全提醒运动有关的一个小故事。

当时，对于这项运动，有一位员工认为"那样做毫无意义"而不肯配合工作。其他员工来找我商量该拿他怎么办，我建议他们"既然这样，就让他当safety call运动的副领导吧"。他们的领导反对道："这怎么行啊，怎么能让那种人当副领导呢！"但是我坚持说："让他试试吧，如果不行的话再把他换掉不就行了。"

结果，那名员工幡然改变了。自从他当上副领导以后，就带头努力工作。而在我看来，这一变化完全在意料之中。

只要试想一下，那个人之前为什么不配合工作，就能立刻明白其中缘由。他并不是在闹情绪，也不是想要反对这项工作，他正是有着坚定的"自己的想法"才会无法融入其中。因此，对待这样的人，只要试着赋予他一定的责任就好。命令他"去做"或许会让其产生反感，而让他自己放手去做的话，他就会绽放光彩。

反之，对任何事都顺从听话的"老实人"，或许反而缺乏提升的空间。老实当然是好事，但不能对任何事情都不加思考地顺从。因为具备对凡事都会思考一下"这样做真的好吗"这样的能力，是非常重要的。事实上在 TESSEI，像这样的，从很多层面上说是"刺儿头"的人，更具有成长的可能性。我认为要成为领导者的人，如果只会老实地遵照指令行事，是不具备发展空间的。

不能打击出头鸟，而应该想着如何去培养他。

这个观点非常重要。

我在担任 JR 东日本东京综合指挥室的指挥部长时，还发生过这样一件事。我对我的部下——指挥室室长说"我想推荐青年 Y 君参加这次的管理岗考试"，他回答道："不行啊，部长。那家伙总是抱着反对的态度，一遇到什么事他总是自以为是、满嘴歪理。我们不能推荐没有合作精神的人参加考试。"

我平时常常观察 Y 君，觉得他是"有点意思的青年"。因此，我没有采纳室长的意见，强行推荐他参加了管理岗的考试。其结果是他通过了这次考试。

那之后，我离开 JR 东日本大约过了三年，有一次我带领着 TESSEI 的员工去指挥室参观学习，有一位青年看到了我并跑到我跟前，他就是 Y 君。

"你好，你看上去挺精神啊。"
"谢谢您。"
"你现在担任什么职位？"
"托矢部部长的福，我现在是指挥长。"

听到这句话我真的非常高兴。我感慨万分，对他说了句"要加油哟"。

拥有自豪感、价值感的瞬间，就拉开了新的帷幕

从以前开始，我就感受到拥有自豪感和价值感的重要性。若要问我为何这么在意自豪感和价值感，那是因为我生存于国铁~JR 这个组织内。

JR 从民营化之前的国铁时代起，就是拥有着"推动日本经济"这一巨大自豪感的组织。当然自豪不可以变成自负，然而"通过铁路来为世人做贡献"这一积极性充满了整个组织，起到了非常好的效果。正是因为我知道自豪感的威力，所以来到 TESSEI 以后，我一直尽可能地将拥有自豪感的重要性传递给更多的人。

在 TESSEI 工作的很多人，都是历经曲折辗转来到 TESSEI 工作的。在来 TESSEI 之前，有相当一部分人曾被各种挫折和磨难击垮而失去了自尊。

要想让他们充满干劲地工作，让其重拾自尊就显得极其重要。为此，有一样不可欠缺的东西就是得到认可。通过工作得到认可，得到肯定，不断地积累充实感，如此一来，不久之后自豪感和价值感就会随之而生。

不过，在一个组织里，只有一个人干劲十足地说"好，我要拥有自豪感和价值感"是没什么意义的。那样的话，只

会被周围的人疏远而不了了之。换言之，所谓自豪感和价值感不是单凭一个人能够得到的，而是要靠大家齐心合力才能养成。

拥有自豪感和价值感的瞬间，就拉开了人生新的帷幕。

"我舍弃了自尊，作为一个清洁工来到 TESSEI 工作。但是我现在在 TESSEI 获得了新的自豪感。"

这是一名女性员工说的话。大家互相支持着，为获得自豪感和价值感而拼命地努力。我相信这一份努力一定能得到回报。

然而，需要引起注意的是，不可以自命不凡。因为自命不凡不过是自我满足而已。所以，重要的是，大家要共同拥有自豪感和价值感，然后一起靠自己将它一点点培育起来。

"自豪感"能显著提升工作水准

首先，我认为也有些自豪感还是舍弃掉为好。或者应该说，是不能理解错了自豪的意义。

例如，如果自豪感导致了"我的能力最强"这种自命不凡、傲慢、自负的态度产生的话，这样的自豪感最好舍弃掉。从根本上说，这不能称之为自豪。其证据就是，大部分嘴上说着"因为我这个人自尊心比较强"，而在自己面前竖起壁垒的人，都理解错了自尊或者自豪的意义。那不过是为了隐藏自身的弱点，而采取的防卫措施而已。

真正拥有自豪感的人，是带头做着被别人嫌弃的事情，做着很多人觉得"羞耻"而敬而远之的事情，这种坚强的人吧？

与之相对的是，有着"我自尊心比较强，所以做不来清扫工作"这种想法的人。那不过是将"自尊心强"当作伪装，与其说那是自尊，不如说反而是与真正的自尊和自豪是相悖的。

此前，描写 TESSEI 员工们辛勤劳动场景的《新干线的清扫天使》一书被改编成音乐剧的时候，有一位负责 TESSEI 总公司大楼清扫工作的人来跟我搭话。

他非常高兴地说:"我去看了音乐剧。虽然我做的不是新干线的清扫,而是大楼的清扫工作,但我深有同感。音乐剧非常好地展现了我们幕后的工作状态。"这件事给我留下了深刻印象,我觉得这位工作人员也和 TESSEI 的员工一样,正确地理解了"真正的自豪"的含义。

我对员工们说"希望大家都拥有自豪感",为此用了很多的方法,最终员工们的观念也发生了很大的转变。

员工们对我说:"很多人都在关注我们啊!矢部先生,这样一来我们做的事就不能做得不像样!我们必须要努力!"我觉得他们很值得信赖,他们这么想的结果是大幅度地减少了受伤或者失误情况。

自豪感带来了良性循环。

我在月台上巡视员工们的工作情况时,曾发生了这么一件事。在列队等待的员工们面前,驶来了一趟载有去修学旅行的学生的新干线。S 主管通过无线电话说道:"7 号车厢和8 号车厢上乘坐的是修学旅行的学生们,请求支援。"这么说或许有些失礼,但修学旅行的学生乘坐的新干线车厢,坐席套子等往往会变得很皱,打扫起来很费力。于是我说道:"S主管,真够受的吧。"结果惹 S 主管生气了,他教育我道:"矢部先生您说什么呢!正是因为脏所以才需要我们啊!按时彻底打扫干净是我们的'工作'。"

2013 年 6 月，在东京都北区西原的国家某进修设施的建筑工地上，发现了未爆炸的炮弹，在处理该炮弹时发生了下面这件事。

在处理炮弹的过程中，东北新干线以及原有的铁路线都停止运行了。因此，原本应该在东京折返的新干线，改为在大宫折返。

但是，不能因此就不做车厢内的清扫。于是 TESSEI 的百十号员工被派遣到了大宫站。

"事件"发生在到达大宫站的员工们正准备开始工作的时候。就在那个时候，大宫站的工作人员通过站内广播播报道："清洁工马上将要上车进行车内清扫了。"

这时，听到广播的员工们非常生气地说："清洁工是什么说法！"

就是说，他们觉得自己是现场招待旅客的专家，这个意识已经如此深刻地渗透到了他们的思想意识当中。

我听闻此事，强烈地感受到"他们已经发生了巨大的转变"，非常感动。在我刚到 TESSEI 的时候，几乎没有人会像这样，将自己的想法直接说出来。而如今大家的内心充满了热情，想到这一点我非常感动。

来 TESSEI 参观学习的，不仅有日本的公司或者学校，也有很多国外的参观者来访。

国外来的访客，经常说的一句话就是"我们能不能不仅引进新干线的技术，还同时引进迅速、准确地进行清扫的工作人员啊"。

我认为，正因为我们是日本人，才能够胜任这份新干线的清扫工作。

不会一切都从劳动合同的角度出发来考虑，而是抱着"做分内的工作""为了乘客们"这样的想法来行动、工作。我觉得这是日本人的优点。

日本原本就是"重视手艺人的国家"。

记得在我小的时候，母亲经常这样称赞"住在这附近的○○君，成为了一个不错的手艺人啊"。我们就是这样地重视和尊敬手艺人、制作东西的人。然而现如今，这样的风气已经越来越淡薄，我觉得很令人遗憾。

手艺人是很顽固的，执着于自己的技术，拼命想着"这样做会不会更好呢"，追求自身的完美，手艺人就是这样的人。日本以前是制造业的大国，这也是因为国内有重视手艺人的文化以及尊重手艺人的想法的风气。

这份接近于顽固的手艺人的执着，与我们 TESSEI 的"款待"也有相通之处。想要提高 7 分钟清扫的准确度，想要提供更好的服务，从好的角度来理解，这就是员工们类似于手艺人的那份执着，而这份执着得到了 TESSEI 的支持。

　　不仅对款待这种无形的技术，对能够有形地体现款待的部分，都要当作日本的优势来珍视，并且不断地提高其水平。我认为这种想法很重要。

作为 JR 东日本集团的一员而感到骄傲

TESSEI 是 JR 东日本集团的一员。不仅仅承包了 JR 东日本的业务，也分担了其部分职能，是构成"协同服务"的一分子。

一线的员工们告诉我很多事情，诸如：

"矢部先生，那里的洗手间的瓷砖出现了裂缝，不论我们怎么拼命打扫，瓷砖裂缝里的污垢都去不掉。这样的话，我们的打扫意义何在？"

"乘客问我没有哺乳间吗，我觉得挺对不起他们的。能不能想想办法啊。"

"前几天，我看到一个带着婴儿的母亲一脸为难，上前询问才知道她想上厕所，但是带着婴儿不方便。我说如果相信我的话我来帮她照看婴儿，她非常高兴。"

等等，这类的事情。

我想着"要将现场发现的需要改善的地方，传达给 JR"，于是我成立了一个名为"乘客服务 Tie-up 拉锯战"的集会。不光是 TESSEI 的员工，新干线相关集团公司的从业人员、

JR 东日本的领导层、职员都汇聚一堂，一起商讨如何来款待旅客。

这个集会是在对我的理念给予充分理解的，JR 东日本清野智前社长（现任会长）的鼎力支持下，得以开启的。

所谓的拉锯战，换言之就是论坛。故意命名为拉锯战，是指整个会场要像网球、排球比赛的拉锯战那样，大家你来我往地交换意见。

在集会上，TESSEI 的员工对现状进行了汇报。她们大胆发言，如哺乳间的问题、洗手间的问题、新干线坐席的问题等。JR 东日本的领导们认真聆听，而且员工们的想法也得到了实现。

其中有一个发言是 K 主管提出的：

"O 女士在车站巡视的时候，发现在女洗手间排队的乘客尿在身上了。O 女士觉得太可怜了，于是给这位乘客拿去了内衣并且照料她。该乘客感到非常羞愧，不停地道歉。等她情绪稳定下来以后，O 女士询问了其缘由。原来她不愿意使用新干线上的男女共用洗手间，所以一直忍着到了车站。在排队的时候，终于没忍住尿在身上了。

新干线的洗手间是站在男性的角度上设置的吧？既然有

男性专用的洗手间，那也应该有女性专用的洗手间。"

对此事我感到很心痛，所以决定让他们将这件事在 JR
领导们的面前提出来。

现在，在 JR 东日本的新型新干线上，已经设置了女性
专用的洗手间。虽说 JR 的决策不可能仅凭 TESSEI 员工的提
议，而是要考虑到各方面的因素，但是我们只想能够成为其
下决断的一个助力。

我们比 JR 的职员更了解现场需要改善的地方和课题，
我们不能只是淡然地完成本职的工作，我们要成为乘客的代
言人……这样的意识和感觉悄悄地在员工们的心里生了根。

与此同时，一直以来觉得 JR 的职员比自己"地位高"，
而敬而远之的氛围也发生了变化，作为一个以清爽·放心·温
暖为目标的团队，员工们慢慢地有了与 JR 职员是对等关系
的感觉。我觉得这非常了不起，这样的体验会带来自信，从
而诞生更多的提案和提议。

自己的想法得到认可，并得以实现，这难道不是最值得
高兴的事吗？

像这样，公司与员工融为一体来实践各种对策，将成为
员工的原动力——"喜悦·快乐·自豪"，并由此产生价值感。

以新的舞台为目标

TESSEI 的挑战还在继续，因为目标还未完成。如果因受到了世人的关注就自命不凡的话，那就完了，不仅无法进步还会被打回原形。因此我们必须要不断前进。

为此，要明确地区分出，一直坚持至今不可改变的事情和必须要改变的事情，不能判断错前进的方向。

我的目标是"让乘客们感觉不出 TESSEI 是做清扫工作的"。虽然被称作新干线剧场，但乘客不可能是为了观看清扫过程，而来乘坐新干线的。而且，TESSEI 的商品是旅行的回忆。为此，我考虑能否让乘客看不出我们是做清扫，于是通过改变制服等方式，做了诸多的努力。

在清扫工具上下功夫，将以往员工拿在手里走路的长扫把，换成可以折叠并能收纳进手提包里的工具。由此，TESSEI 的员工在车站里移动的时候，就看不出是清扫人员在行动了。在听取来自现场的"如果有可收纳的扫把就能放进包里，手就空出来了"的意见后，我们进行了更换，还收获了意想不到的效果。员工在双层新干线里移动的时候，就可以用双手来抓楼梯的扶手，就彻底消除了从楼梯上跌落下来的事故。

此外，以前在清扫作业过程中，我们会在车厢入口处放置"正在清扫中"的提示牌，根据员工的建议，也更换成了"乘车准备中"。这也是为了消除旅客对清扫的刻板印象，而让其体会到旅途的回忆所做的准备。

采取将"正在清扫中"换成"乘车准备中"等方法，今后也将想方设法让乘客感觉不出我们是在做清扫。

改变可见的形式，并将这个理念传达给员工，让其进行更深层次地理解。TESSEI 很重视这种"教育"，不过 TESSEI 的"教育"理念稍有不同。

我觉得教育是一件很难的事情。因为如果受教育的一方没有积极性的话，再怎么教育也是徒劳。这八年时间里，TESSEI 为了提高员工的工作积极性，做了各种努力。我认为现在 TESSEI 的教育，终于从根本上有了改变，发展到了追求全新姿态的时期。因为受教育的一方开始变得有积极性了。

这是我在某次研讨会上听到的一句话，这句话让我恍然大悟：

"矫育、胁育、恐育、狭育、凶育"这些都读作"教育（日文发音同"教育"）"。我们一直以来都在进行这样的教育吧？今后我们要将"共育（日文发音同"教育"）"作为教育的目标。

我觉得"正是如此"。今后的教育不是指导，而是以共同成长的"共育"为目标的教育。而且，迄今为止我们所坚持的"今日育（教育的谐音）"，今后也要继续坚持下去。所谓今日育是指，将每一天、每一个瞬间都当作教育场合，并付诸行动。"察觉·共鸣·共创共有"，这就是我们现在的目标。

"为了实现和乘客的双赢，不断地对工作进行改善，并在工作中获得喜悦、快乐和自豪的人们"和"有着每一个人都为企业的繁荣昌盛而努力，都是提高团队力量的一分子，拥有这样的认识和参与意识的人们"，TESSEI 里这样的员工随处可见，而 TESSEI 也关爱、重视他们，我想把 TESSEI 打造成这样的企业。

"Enjoy with TESSEI"

通过 TESSEI 这一平台，让乘客和员工都快乐起来。然而，这一想法从两年前开始出现了很大的动摇。东日本大地震动摇了我们的内心。

东北新干线是当时受灾地区的列车。当时车上很多乘客经历了悲叹、悲哀、离别等体验。那个时候 TESSEI 察觉到了，我们不是在像主题公园那样的，非日常的世界里工作，而是在日常的世界里工作，新干线也是心里装着人生各种风景的，乘客们的舞台。

"Ever with YOU 永远与您相伴的新干线剧场。"

这是 TESSEI 的新标语。

工作能令人真实地感受到自己活着

所谓工作到底是什么？

如果有人这样问我的话，我会回答"是能真实地感受到自己活着的事情"。可能听起来有些夸张，但恐怕这就是事实。

很多时候，我们每天的工作模式都是固定的。当然每天或许会发生各种情况，也存在每天的内容都不一样的工作。但是基本上而言，只要不调动岗位，我觉得日常的工作都是在例行公事。

也就是说，只要适应了工作，就有可能滋生墨守成规的现象。如果人的思想意识只集中在"熟练"地掌握相应的技术的话，那么渐渐失去趣味或者充实感也不足为怪。

但是，我认为那样绝对是在浪费生命。之所以这么说，是因为人生是有限的。只要活着，就应该积极地努力工作，做出成果，产生自信，毫无疑问这样会比较有意义。

而且，我认为（这或许听起来是反论）在这个时候，起到重要作用的是"限制"或者"规定"。"可以自由发挥"这样的状态或许比较轻松，然而从另一方面看，人会因此忘却紧张的感觉。没有了限制，相应地界限就变得模糊，最坏的情况就是打乱了工作的节奏。但是如果有了限制或者规定，就很多层面而言，我觉得工作就变得张弛有度了。

诚然，规矩太多，有时也会产生拘束感。但是从长远来看，这样会产生比较好的效应。其经典的例子就是"7分钟的清扫"。有着各种经验的员工汇集到了一起，一同站在 TESSEI 这条全新的起跑线上。与以前所从事的职业，以前所取得成绩都没有关系。大家都是为了达成"7分钟内完成清扫"的目标，就这点来看，这和他们以前的履历毫无关系。

在哪里都可以创造出奇迹的职场

　　仅仅 7 分钟的清扫工作，任谁看来想必都不是轻松的事。要花费相应的时间来习惯这项作业，在达到这一程度以前，有人会受到打击，遭遇挫折，这都是理所当然的。

　　然而相对的，一旦克服了这个困难，就能收获巨大的成就感。并由此产生自信和自豪感，通过经历这样一个过程，能够真实地感受到"活着"的感觉。这才是工作的乐趣，通过工作培养出使命感，成为生存的动力。

　　完成了如此高难度工作的一线员工们，其生气勃勃的表情就是最好的证据。或许这证明了我们的现场是"独树一帜的、特别的，像奇迹一样的职场"。然而，事实并非如此。如果 TESSEI 是奇迹的职场的话，那么创造出同样的，或者超越 TESSEI 的奇迹的职场也绝非难事。

　　员工通过工作，能够与接受其服务的乘客们进行交流，并由此获得充实感、自信和自豪感。

　　作为经营母体的公司，对每天认真工作的员工给予恰当的评价，这对于员工来说同样能找到价值感或者生存的意义吧。

　　总之，只要具备了以上的要素，在哪儿都能产生奇迹的职场。这当然与行业、业态无关。必不可少的只有人，以及能够进行交流沟通而已。

虽然这么说有些不好意思，但我真的认为，只有优秀的员工才能创造出奇迹的职场。

在 TESSEI 的各位举手投足间都体现了"真心和关怀"。他们内心不光有着对乘客的"真心和关怀"，也对共同工作的伙伴们充满了"真心和关怀"。

我一直这样对他们说："谢谢你们。不光对乘客和同事，也不要忘了对自己的那份'真心和关怀'。"

然而，我们做得还远远不够，从今天开始，新干线剧场的新舞台也会拉开帷幕。

结束语

"矢部先生的专业是安全工作，为什么会了解服务方面的事情呢？"

在接受电视台等的采访时，我偶尔会被问到这样的问题。可是，安全和服务是毫不相干的东西吗？

我是这么回答的："安全是由谁创造出来的呢，是在现场工作的人。虽然有维护安全的机器和系统，但最终还是要依靠负责管理运行它们的人。我作为安全方面的专家，强烈地感受到安全工作最终还是要依靠人来做。

"服务又是由谁来做的呢，也是在现场工作的人。不是社长或者经营者。理解人的重要性，并让其发挥出最大的潜能。从根本上说，安全也好，服务也罢，没有什么区别。或者可以说，我正是通过安全领域的工作才充分理解了人的重要性，才懂得了什么是服务。"

另外，我还常常会被来采访或者见习的人问到"TESSEI"这一名字的意义。其实这是去年在更改公司名称以前所使用的"铁道整备会社"的爱称。

在这八年里，我们进行了各种尝试和挑战，员工们的想法不断地传递到了领导层，其中有一项就是"希望公司能够冠上 JR 东日本的名字"。他们觉得"我们是 JR 东日本集团的一分子，也是协同服务的一员。我们想要获得这一份骄傲"。

在我苦恼着该怎么办的时候，去年迎来了公司成立 60 周年，我就想以此为契机，回应员工们想要更改公司名称的期望，并决定要改一个能让大家感到自豪的名称。于是，开始从员工那里征集公司名称。

结果，从约 280 名员工那里征集来约 510 个公司名称提案。员工中的大半都是 partner（兼职人员）。在这里我介绍一下其中一部分的提案。

dream tessei、tessei gran service、tessei world、 新 干 线 world wide、best assist、tessei Japan、refresh community、暖心·tessei、dramatic · theatre、tessei techno · service、clean heart tessei、Japan service TESSEI……

虽然只是一个公司名称，但表达出了员工们的想法，员工们如此积极地思索，坦率地谈论着自己的将来，让我的内心不由得热血沸腾。最终大家想出来的新名称是，株式会社 JR 东日本 Techno heart TESSEI。员工们心中坚定了"用技术和心来款待客人"的信念，我想要和他们一起坚持走下去。

我认为"款待虽然是眼睛看不见、耳朵听不着的，但却是能够传递感动的终极语言"。

最后，我要对将我们的事迹写成书，提供了让世人了解我们的机会的远藤功先生；对将我拙劣的文章和语言，整理成精彩内容的印南敦史先生；对跟我说"应该要出一本你的书"的出版社的佐藤和夫社长和吉田伸先生；对为本书摄影的织田桂子女士和铃木宣久先生；对亲自负责装订的长坂勇司先生；对每天生气勃勃地工作在一线，提出各种想法创意的 TESSEI 的全体员工们，致以衷心的感谢。

"服务的细节" 系列

《卖得好的陈列》：日本"卖场设计第一人"永岛幸夫
定价：26.00元

《为何顾客会在店里生气》：家电卖场销售人员必读
定价：26.00元

《完全餐饮店》：一本旨在长期适用的餐饮店经营实务书
定价：32.00元

《完全商品陈列115例》：畅销的陈列就是将消费心理可视化
定价：30.00元

《让顾客爱上店铺1——东急手创馆》：零售业的非一般热销秘诀
定价：29.00元

《如何让顾客的不满产生利润》：重印25次之多的服务学经典著作
定价：29.00元

《新川服务圣经——餐饮店员工必学的52条待客之道》：日本"服务之神"新川义弘亲授服务论
定价：23.00元

《让顾客爱上店铺2——三宅一生》：日本最著名奢侈品品牌、时尚设计与商业活动完美平衡的典范
定价：28.00元

《摸过顾客的脚才能卖对鞋》：你所不知道的服务技巧，鞋子卖场销售的第一本书

定价：22.00 元

《繁荣店的问卷调查术》：成就服务业旺铺的问卷调查术

定价：26.00 元

《菜鸟餐饮店 30 天繁荣记》：帮助无数经营不善的店铺起死回生的日本餐饮第一顾问

定价：28.00 元

《最勾引顾客的招牌》：成功的招牌是最好的营销，好招牌分分钟替你召顾客！

定价：36.00 元

《会切西红柿，就能做餐饮》：没有比餐饮更好做的卖卖！ 饭店经营的"用户体验学"。

定价：28.00 元

《制造型零售业——7-ELEVEn 的服务升级》：看日本人如何将美国人经营破产的便利店打造为全球连锁便利店 NO.1！

定价：38.00 元

《店铺防盗》：7大步骤消灭外盗，11种方法杜绝内盗，最强大店铺防盗书!
定价：28.00元

《中小企业自媒体集客术》：教你玩转拉动型销售的7大自媒体集客工具，让顾客主动找上门!
定价：36.00元

《敢挑选顾客的店铺才能赚钱》：日本店铺招牌设计第一人亲授打造各行业旺铺的真实成功案例
定价：32.00元

《餐饮店投诉应对术》：日本23家顶级餐饮集团投诉应对标准手册，迄今为止最全面最权威最专业的餐饮业投诉应对书。
定价：28.00元

《大数据时代的社区小店》：大数据的小店实践先驱者、海尔电器的日本教练传授小店经营的数据之道
定价：28.00元

《线下体验店》：日本"体验式销售法"第一人教你如何赋予O2O最完美的着地!
定价：32.00元

《医患纠纷解决术》：日本医疗服务第一指导书，医院管理层、医疗一线人员必读书！ 医护专业入职必备！
定价：38.00元

《迪士尼店长心法》：让迪士尼主题乐园里的餐饮店、零售店、酒店的服务成为公认第一的，不是硬件设施，而是店长的思维方式。
定价：28.00元

《女装经营圣经》：上市一周就登上日本亚马逊畅销榜的女装成功经营学，中文版本终于面世！
定价：36.00元

《医师接诊艺术》：2秒速读患者表情，快速建立新赖关系！ 日本国宝级医生日野原重明先生重磅推荐！
定价：36.00元

《超人气餐饮店促销大全》：图解型最完全实战型促销书，200个历经检验的餐饮店促销成功案例，全方位深挖能让顾客进店的每一个突破点！
定价：46.80元

《服务的初心》：服务的对象十人白样，服务的方式千变万化，唯有，初心不改！
定价：39.80元

《最强导购成交术》：解决导购员最头疼的 55 个问题，快速提升成交率！
定价：36.00 元

《帝国酒店——恰到好处的服务》：日本第一国宾馆的 5 秒钟魅力神话，据说每一位客人都想再来一次！
定价：33.00 元

《服务的细节 029：餐饮店长如何带队伍》：解决餐饮店长头疼的问题——员工力！ 让团队帮你去赚钱！
定价：36.00 元

《服务的细节 030：漫画餐饮店经营》：老板、店长、厨师必须直面的 25 个营业额下降、顾客流失的场景
定价：36.00 元

《服务的细节 031：店铺服务体验师报告》：揭发你习以为常的待客漏洞 深挖你见怪不怪的服务死角 50 个客户极致体验法则
定价：38.00 元

《服务的细节 032：餐饮店超低风险运营策略》：致餐饮业有志创业者 & 计划扩大规模的经营者 & 与低迷经营苦战的管理者的最强支援书
定价：42.00 元

《服务的细节033：零售现场力》：全世界销售额第一名的三越伊势丹董事长经营思想之集大成，不仅仅是零售业，对整个服务业来说，现场力都是第一要素。

定价：38.00 元

《服务的细节034：别人家的店为什么卖得好》：畅销商品、人气旺铺的销售秘密到底在哪里？ 到底应该怎么学？ 人人都能玩得转的超简明 MBA

定价：38.00 元

《服务的细节035： 顶级销售员做单训练》：世界超级销售员亲述做单心得，亲手培养出数千名优秀销售员！ 日文原版自出版后每月加印 3 次，销售人员做单必备。

定价：38.00 元

《服务的细节036：店长手绘 POP 引流术》：专治"顾客门前走，就是不进门"，让你顾客盈门、营业额不断上涨的 POP 引流术!

定价：39.80 元

《服务的细节037：不懂大数据，怎么做餐饮？》：餐饮店倒闭的最大原因就是"讨厌数据的糊涂账"经营模式。

定价：38.00 元

《服务的细节038：零售店长就该这么干》：电商时代的实体店长自我变革。

定价：38.00 元

《服务的细节 039：生鲜超市工作手册蔬果篇》：海量图解日本生鲜超市先进管理技能

定价：38.00 元

《服务的细节 040：生鲜超市工作手册肉禽篇》：海量图解日本生鲜超市先进管理技能

定价：38.00 元

《服务的细节 041：生鲜超市工作手册水产篇》：海量图解日本生鲜超市先进管理技能

定价：38.00 元

《服务的细节 042：生鲜超市工作手册日配篇》：海量图解日本生鲜超市先进管理技能

定价：38.00 元

服务的细节 043：生鲜超市工作手册副食调料篇：海量图解日本生鲜超市先进管理技能

定价：48.00 元

服务的细节 044：生鲜超市工作手册POP 篇：海量图解日本生鲜超市先进管理技能

定价：38.00 元

更多本系列精品图书，敬请期待！